DIÁLOGOS COM JESUS
ZÉ BRUNO

O MESTRE E OS RELIGIOSOS EM CONVERSAS QUE NOS ENSINAM A VIVER

THOMAS NELSON
BRASIL

A religião bíblica — o conjunto de crenças e práticas que norteiam a adoração correta do povo de Deus — é uma dádiva "santa, justa e boa" (Rm 7:12). No entanto, desde sempre, o coração humano, profundamente corrompido pela Queda, tem se apropriado dos desígnios divinos para construir sistemas alienantes que em nada correspondem à nossa verdadeira vocação. É a religiosidade antibíblica, usada como mecanismo de barganha em contradição ao evangelho do reino de Deus, e não raro presente também entre aqueles que dizem seguir a Jesus. Em *Diálogos com Jesus*, Zé Bruno traz as inquietações de alguém familiarizado com este fenômeno e, com base em certas conversas que Jesus teve com alguns de seus contemporâneos, o autor nos provoca a refletir sobre o quanto de fato temos caminhado na liberdade que é fruto da Verdade. Em um contexto como o nosso, no qual o evangelho bíblico e a religião evangélica brasileira têm se tornado significativamente antitéticos, *Diálogos com Jesus* é um oportuno convite à autocrítica.

Bernardo Cho (PhD, Universidade de Edimburgo), professor de Novo Testamento e Teologia Bíblica e coordenador do programa de Estudos Doutorais em Ministério (D.Min.) no Seminário Teológico Servo de Cristo. Pastor da Igreja Presbiteriana do Caminho

A visita a casa dos meus avós paternos tem um lugar especial na minha memória. Na varanda, os adultos conversavam de forma animada, e eu, como criança, não ousava opinar, apenas ouvia atentamente. No retorno para casa, revisitava os assuntos, mas agora como parte integrante da conversa. Os diálogos sempre foram para mim oportunidades de saber, de crescer, de ser surpreendido... enfim, uma forma de encontrar o meu lugar no mundo. Neste livro, Zé Bruno nos convida a prestar atenção nas conversas especiais de Jesus para, então, passarmos sutilmente de ouvintes a participantes. Algumas vezes seremos confortados, outras, confrontados, mas nunca ficaremos indiferentes. As conversas de Jesus nos ajudam a encontrar nosso lugar no mundo e, ainda mais importante, nosso lugar no coração de Deus. Boa leitura a todos!

Ziel Machado, vice-reitor do Seminário Teológico Servo de Cristo e pastor na Igreja Metodista Livre, em São Paulo (SP)

©2023, de Zé Bruno.

Todos os direitos desta publicação são reservados por Vida Melhor Editora LTDA.

As citações bíblicas são da Nova Almeida Atualizada (NAA), a menos que seja especificada outra versão da Bíblia Sagrada.

Os pontos de vista desta obra são de responsabilidade de seu autor e colaboradores diretos, não refletindo necessariamente a posição da Thomas Nelson Brasil, da HarperCollins Christian Publishing ou de sua equipe editorial.

Publisher	*Samuel Coto*
Editor	*Guilherme H. Lorenzetti*
Estagiária editorial	*Renata Litz*
Preparação	*Rosa Maria Ferreira e Danny Charão*
Revisão	*Clarissa Melo e Dayane Andrade*
Projeto gráfico e diagramação	*Tiago Elias*
Capa	*Rafael Brum*

Dados Internacionais de Catalogação na Publicação (CIP)
(BENITEZ Catalogação Ass. Editorial, MS, Brasil)

B922d   Bruno, Zé
1.ed.   Diálogos com Jesus: o Mestre e os religiosos em conversas que nos
              ensinam a viver / Zé Bruno. – 1.ed. – Rio de Janeiro: Thomas Nelson
              Brasil, 2023.
                  272 p.; 13,5 x 20,8 cm.

                  ISBN : 978-65-5689-580-2

                  1.   Bíblia – Ensinamentos. 2. Bíblia – Novo Testamento.
              3. Espiritualidade – Cristianismo. 4. Religiões. I. Título.

01-2023/12   CDD 225.7

Índice para catálogo sistemático
1. Bíblia: Novo Testamento: Cristianismo   225.7
Aline Graziele Benitez: Bibliotecária CRB-1/3129

Thomas Nelson Brasil é uma marca licenciada à Vida Melhor Editora LTDA.
Todos os direitos reservados à Vida Melhor Editora LTDA.
Rua da Quitanda, 86, sala 218 — Centro
Rio de Janeiro — RJ — CEP 20091-005
Tel.: (21) 3175-1030
www.thomasnelson.com.br

DOUTORES DA LEI

"QUEM CONHECE A LIBERDADE
A QUEM O PRÓPRIO DEUS CHAMOU
NÃO ACEITARÁ SE SUBMETER
A NENHUMA ESCRAVIDÃO
MAS LÁ VEM ELES PRA NOS ENSINAR
O QUE SE PODE E NÃO SE PODE FAZER
TÊM A HONRA NOS SEUS LÁBIOS
MAS DISTANTE O CORAÇÃO
OS DOUTORES DA LEI
PERMANECEM INERTES
SOB AS TÁBUAS DA LEI
CRIADAS PELAS PRÓPRIAS MÃOS
ALGUÉM SABE, EU SEI...
'MISERICÓRDIA QUERO E NÃO HOLOCAUSTOS'
É PRECISO APRENDER
'MISERICÓRDIA QUERO E NÃO HOLOCAUSTOS'
APRENDER..."

ZÉ BRUNO
RESGATE, ÁLBUM "ON THE ROCK" (1995)

À minha esposa e filhos
Blanche, Lucca, Vitória e Guilherme,
por toda vida que temos vivido e
por todo amor compartilhado, sem
vocês nada teria razão.

À memória de meus pais, Dona Odette e
Seu Toninho, saudades e gratidão.

À Casa da Rocha Independência,
querida comunidade que pastoreio,
aos irmãos, líderes e pastores.

Agradeço aos meus amigos irmãos de
banda pelos anos que foram e que virão,
Jorge, Marcelo e Hamilton.

Aos meus professores e amigos que
sempre me inspiraram, Ziel Machado,
Isaque Sicsú e Bernardo Cho, os quais
foram um apoio importante neste trabalho.

Prefácio | *11*
Apresentação: a origem deste livro | *19*

Introdução: Por que os diálogos
com os religiosos? | 23

1
A RELIGIÃO
E O
EVANGELHO
PÁGINA 29

4
O TEMPLO
E O SÁBADO
PÁGINA 115

5
A RELIGIÃO
NÃO ENXERGA
O REINO
PÁGINA 135

8
O EVANGELHO
ACABA COM A
NOSSA RELIGIÃO
PÁGINA 179

9
UMA LONGA
CONVERSA
PÁGINA 215

SUMÁRIO

2 AMOR É COISA DO REINO, NÃO DA RELIGIÃO
PÁGINA 73

3 OS DIÁLOGOS DO TEMPLO
PÁGINA 93

6 OS PUROS E OS CONTAMINADOS
PÁGINA 153

7 JESUS É CONTRA A FÉ DOS LÍDERES DO DEUS DA LEI
PÁGINA 167

10 OS DIÁLOGOS DO JULGAMENTO
PÁGINA 253

Conclusão | 261
Bibliografia | 265

PREFÁCIO
O DEUS DIALOGAL

NO RELATO DA CRIAÇÃO, APRENDEMOS QUE A HUMANIDADE FOI FEITA PARA VIVER NA PRESENÇA DE DEUS, DESFRUTANDO DE INTIMIDADE, COMUNHÃO, BÊNÇÃO e acesso livre ao Criador. Antes da Queda, o Senhor Deus descia para reunir-se com nossos pais, Adão e Eva, quando soprava a brisa do dia (Gn 3:8). Essa é a metáfora usada pela tradição bíblica para descrever a profundidade dessa comunhão, a realização e a regularidade desses encontros entre Deus e o primeiro casal.

Naquelas ocasiões, Adão e Eva adoravam ao Criador, bem como partilhavam as alegrias, as descobertas, os desafios e as conquistas diárias no cumprimento da tarefa de cuidar do jardim e de cultivá-lo (Gn 2:15). Esse estado primevo de comunhão e intimidade era expresso, fundamentalmente, pelo diálogo. Aliás, essa é a razão de encontrarmos absoluto vazio existencial, quando desprezamos o fato de que existimos para encontrar e dialogar com Deus no soprar da brisa do dia.

Com a Queda do homem e a entrada do pecado no mundo, sai de cena a relação dialogal e surge a relação religiosa. Caídos e separados da comunhão, Adão e Eva inauguram a religião do Éden, costurando vestes de folhas de figueiras para cobrir sua própria nudez. Dessa maneira, nossos pais se tornam os primeiros religiosos da história ao tentar resolver o problema de sua separação e alienação de Deus através da própria engenhosidade e esforço.

A tentativa de cobrir-se com folhas de figueiras é uma verdadeira liturgia. É a busca pela bem-aventurança da iniquidade perdoada e do pecado coberto (Sl 32:1) a partir do esforço próprio e do mérito pessoal. Trata-se da índole religiosa em seu estado mais fundamental e embrionário. O fenômeno religioso ocupa o espaço criado por causa da separação entre o Criador e suas criaturas. Na ausência de diálogo, surge o rito; na falta de intimidade, aparece o sacrifício; na escassez de comunhão, apresenta-se o tabu; na falta de pessoalidade e diálogo, eleva-se a *persona* e a elaboração religiosa; no silêncio da alienação, emerge o dogma.

É importante lembrar que essa religião edênica não passa de uma expressão corrompida de algo inato no homem. Por sermos criados à imagem e semelhança de um Deus que é espírito (Gn 1:26-27; Jo 4:24), somos também seres espirituais, capazes de produzir adoração e vida espiritual. A teologia cristã propõe que nossa condição fundamental vai muito além de nossos aspectos intelectuais, criativos, físicos e relacionais. Somos substancialmente *homo liturgicus*, isto é, seres talhados para adoração e dotados de uma capacidade natural de produzir espiritualidade.

É uma visão antropológica pobre e estreita considerar o homem apenas a partir de seus traços físicos e materiais operantes, pois há, em todo ser humano, uma constituição

PREFÁCIO : O DEUS DIALOGAL · 13

imaterial que lhe torna capaz de acessar o mundo espiritual e relacionar-se com Deus.

Antes da Queda, nossos pais não precisavam de qualquer intermediário religioso para acessar e viver na presença de Deus (*Coram Deo*). Tudo que lhes era necessário para acessar o Criador, já lhes havia sido garantido pela *imago Dei*. Assim, a expressão e operação desse caráter espiritual do homem era direto e absolutamente livre.

Com a Queda, esse traço inato passa a funcionar de maneira desordenada e produzir todo tipo de adoração, liturgia e religiosidade adulteradas. O que antes se expressava no contexto da liberdade, aceitação, amor e intimidade, agora se manifesta no contexto de antagonismo, distanciamento, rivalidade e indiferença. É justamente isso que encontramos no cenário do primeiro fratricídio da história (Gn 4:1-16): Caim oferece o próprio irmão como sacrifício propiciatório a fim de apaziguar sua própria ira. Ao tomar a vida de seu irmão, Caim é aquele que performa e recebe o ato religioso. O sangue que clama da terra (Gn 4:10) é uma liturgia, produzida por uma índole religiosa corrompida e imoral. Note que em todo o capítulo 4 de Gênesis Abel não fala, não dialoga, não tem voz. É simplesmente um sacrifício religioso oferecido para arrefecer a cólera de Caim.

É bem verdade que nem todo movimento religioso é mal e vil, tampouco necessariamente a operação de um coração corrupto. O próprio Deus, por meio de Moisés, estabeleceu um sistema religioso baseado no sacerdócio levítico, no tabernáculo e no templo, nas leis morais, cerimoniais e civis de

Israel. Esse sistema encontrado nas páginas do Antigo Testamento era um prenúncio e uma sombra da era que haveria de vir, quando Deus deixaria de falar pelos profetas e de muitas outras maneiras e passaria a dialogar com suas criaturas diretamente por meio do Verbo encarnado, Jesus Cristo (Hb 1:1-2).

É inegável o valor e a importância da antiga aliança e de todo seu sistema religioso para a história e caminhada do povo de Deus. Paulo, o apóstolo, é claro em salientar todas essas coisas: "[dos israelitas] é a adoção de filhos; deles são a glória divina, as alianças, a concessão da Lei, a adoração no templo e as promessas. Deles são os patriarcas..." (Rm 9:4-5, NVI). Mas, como um mero sinal do que haveria de vir, sua fraqueza reside no fato de que toda sua lógica sistêmica está fundamentada no silêncio e na distância, não no diálogo: "e disseram a Moisés: 'Fala tu mesmo conosco, e ouviremos. Mas que Deus não fale conosco, para que não morramos'" (Êx 20:19, NVI). A antiga aliança veio a existir, porque o povo não aceitou o diálogo com o seu Deus.

Dessa forma, letras, profetas, símbolos, sacerdotes, utensílios, ritos, normas, festividades e pactos passaram a mediar a relação de Deus com seu povo. Desde que nossos pais saíram silenciosamente do jardim, Deus precisou utilizar intermediários finitos e inadequados para se relacionar com o homem, até o momento da encarnação do Verbo.

Em Jesus, é inaugurada a era em que a via dialogal não é somente restaurada, mas também aperfeiçoada. Pois, com a encarnação do Filho, o diálogo passa a ser entre semelhantes.

PREFÁCIO : O DEUS DIALOGAL 15

No jardim, o diálogo entre um Deus espiritual e suas criaturas materiais era possibilitado pela *imago Dei*, pois há um abismo ontológico entre este e aquele. Na era presente, o diálogo está fundamentado no fato de que Deus se fez carne. O abismo ontológico que havia no jardim não existe mais. Em Jesus, o Deus-homem nos fala como um semelhante, se senta à mesa e dialoga conosco. O fim reconciliatório da encarnação do Filho passa pelo estabelecimento de uma forma elevada de diálogo entre o Criador e suas criaturas. E tentar dimensionar a grandeza desta realidade é como tentar medir o comprimento do universo com uma fita métrica.

Nas páginas dos Evangelhos, encontramos a dimensão grandiosa e paradoxal desses diálogos. Dimensão grandiosa por tudo que já foi exposto: é o próprio Deus que fala. Paradoxal, pois é Deus falando como gente, de uma maneira que entendemos e interagimos. Há tanta proximidade e identificação nos encontros que podemos correr o risco de deixar escapulir entre os dedos o mero fato de que, cada vez que Jesus abre a sua boca, é o Deus *pantokrator*, o todo poderoso, que fala.

Em Jesus, não somente encontramos o caráter dialogal de Deus, mas também o desejo de que a mensagem chegue no nível da devoção e do coração dos interlocutores. Quando Deus chama o profeta Isaías para falar ao povo, ele diz: "Falai ao coração de Jerusalém" (Is 40:2, ARA). Jesus é o Isaías maior que não só fala, mas fala efetivamente ao coração. Na estrada de Emaús, os próprios discípulos reconhecem que os diálogos com Jesus tocam o coração: "Não estavam ardendo nossos corações dentro de nós, enquanto ele nos falava no caminho e nos expunha as Escrituras?" (Lc 24:32, NVI). Assim, o Deus dialogal, Jesus, opta pelo caminho do diálogo, porque é o caminho de Deus para adentrar nosso coração. Deus, em Jesus, promove diálogos de transformação que tocam a alma e fazem arder o coração.

Portanto, o livro que você tem em mãos é um esforço pastoral muito bem-sucedido em apresentar diálogos que expõem nossa tendência adâmica de apropriação dos desígnios de Deus, transformando-os em mecanismos de manipulação, morte e abuso. Em cada página, somos apresentados ao espelho das Escrituras com o fim de perguntarmos à própria alma se orientamos nossa relação com Deus segundo o modelo religioso fratricida de Caim ou aceitamos o convite à mesa do Deus dialogal, Jesus.

A contribuição ímpar desta obra é que ela surge pelas mãos de um pastor que conhece a fundo a mentalidade e a lógica sistêmica da religião de Caim. Por mais de 20 anos, Zé Bruno esteve imerso e foi testemunha (e vítima) do que há de mais vil no contexto religioso, nos corredores e bastidores do movimento neopentecostal brasileiro. Seu clamor profético por uma correção de nosso espírito religioso é fundamentado com muita propriedade na teologia e nas Escrituras, e vem carregado de um tom urgente, característico de alguém que vivenciou tudo isso. Também é fruto de um coração pastoral convencido de que somente seremos verdadeiramente transformados, quando aceitarmos dialogar com Jesus.

PREFÁCIO : O DEUS DIALOGAL

As próximas páginas serão uma jornada de diálogos profundos, cheios de confronto e luta, mas garanto a você: será uma jornada transformadora.

ISAQUE SICSÚ

Bacharel em Teologia pela Universidade Metodista de São Paulo, mestre em teologia Bíblica do Antigo Testamento (ThM), com ênfase em línguas semíticas, pelo Dallas Theological Seminary e mestre em teologia dogmática (STM) pela Pontifícia Universidade Católica de São Paulo (PUC/SP). É professor de Teologia Bíblica e Sistemática no Seminário Teológico Servo de Cristo, em São Paulo (SP), e pastor-líder da Igreja Batista Urbana, em Santo André (SP). É casado com Isabela e pai da Antonella.

A ORIGEM DESTE LIVRO

APRESENTAÇÃO

DIA 8 DE MARÇO DE 2020, FIZEMOS NOSSA ÚLTIMA CE-
LEBRAÇÃO PRESENCIAL ANTES DA PANDEMIA. NESSE
DIA, NÃO SABÍAMOS QUE A IGREJA QUE PASTOREIRO, A
Casa da Rocha, em São Paulo, abriria suas portas de novo
um ano, seis meses e onze dias depois. No decorrer daquela
semana, as notícias sobre casos de Covid-19 nos levaram a
tomar a decisão de não mais nos reunirmos presencialmen-
te, o que veio a acontecer apenas no dia 19 de setembro de
2021.

A pandemia trazia assombro. As notícias vindas da Euro-
pa, principalmente da Itália e da Espanha, chegavam às nossas telas como um filme de terror sobre o fim dos tempos. As
milhares de mortes diárias, o desconhecimento da doença
e de seu contágio, os números crescentes no Brasil, a desin-
formação sobre o ciclo da doença e o período de isolamento
causaram um pânico sorrateiro na alma de todos nós que
vivemos aqueles dias.

Lembro-me claramente de que, tão logo decidimos inter-
romper as reuniões presenciais, minha mente começou a
pensar em uma maneira de manter a igreja em comunhão,
assistida, informada, discipulada e acolhida, mesmo à distância. Nossas celebrações já eram transmitidas ao vivo pelo
nosso canal no Youtube, mas isso não me parecia suficiente.

20 DIÁLOGOS COM JESUS

Diante de uma batalha travada 24 horas por dia na mente de cada um de nós, pensei que era preciso fazer algo todos os dias.

Foi então que iniciei uma jornada de gravações caseiras, com pequenos vídeos improvisados e lançados diariamente, para que de forma simples e direta o evangelho nos mantivesse unidos e alimentados. Foram duas séries e mais de 200 vídeos gravados em poucos meses.[1] Uma dessas séries foi intitulada "Diálogos com Jesus — conversas que nos ensinam a viver", que serviu de base para este livro que você está conhecendo agora.

Os diálogos não figuram aqui na sequência dos Evangelhos, pois não foi assim na série de vídeos. Isso porque Mateus, Marcos, Lucas e João seguem diferentes sequências narrativas, cujo sentido era determinado pela mensagem transmitida a leitores específicos.

Essa também deve ser a lógica para os nossos dias.

---

[1]Essas duas séries de vídeos podem ser assistidas no meu canal do Youtube, os QR Codes estão na página seguinte.

APRESENTEAÇÃO: A ORIGEM DESTE LIVRO   21

PENSAMENTOS DO ISOLAMENTO

https://www.youtube.com/watch?v=KwaoeWl8IHM&list=PLYFPsllDgMdvNklsaA2Mizirig1C9DBaX]

DIÁLOGOS COM JESUS:
CONVERSAS QUE NOS ENSINAM A VIVER

https://www.youtube.com/watch?v=nBR=-93po3bQ&list-PLYFPsllDgMdu5NZAFyBBl1_3xtS4f2KVU

POR QUE OS DIÁLOGOS COM OS RELIGIOSOS?

INTRODUÇÃO

A O SURGIR A IDEIA DE PUBLICARMOS OS "DIÁLOGOS COM JESUS" NO FORMATO DE UM LIVRO, DEPAREI COM A TAREFA DE TRANSFORMAR AQUELES VÍDEOS SIMPLES e rápidos em uma nova linguagem, mas que mantivesse a mesma ideia original ao passo que trouxesse algo novo ao leitor.

A ideia de abordar os textos que descreviam Jesus em conversa com diversos personagens, veio até minha mente em um cenário caótico. Estávamos no meio de uma pandemia, em uma guerra contra um vírus e numa guerra de narrativas. Entrevistas e conversas, perguntas e respostas, *lives* e mais *lives*, dúvidas e esclarecimentos — tudo nos confundia mais do que esclarecia. Medicina, pesquisa científica e dados epidemiológicos viraram pó; no cenário doentio da política brasileira, em que se prolifera uma pandemia de ignorância, descaso e corrupção são marcas registradas; infelizmente, porém, não há vacina para esse tipo de doença altamente contagiosa.

Nem toda pergunta exige uma resposta. Nem todo repórter busca uma informação. Na guerra da informação, o entrevistado é escolhido a dedo e a pergunta é formulada a quatro mãos. A resposta apenas confirma o que acredita aquele que é benquisto pelo público. Triste realidade. Nunca vivemos uma era com tanto acesso a conhecimento e, ao mesmo tempo, tão repleta de manipulações e incertezas.

Assim, tive a ideia de abordar as conversas que Jesus teve ao longo de sua vida; conversas com o Pai, com seus discípulos, com pessoas que o interrogavam pelo caminho, com religiosos e com o poder de Roma. Eu nunca havia tido a curiosidade de percorrer essas conversas, de examinar os Evangelhos a partir desses diálogos, de imaginar gente frente a frente com o Mestre em conversas abertas, verdadeiras, sinceras, sem manipulações. Conversas libertadoras e desafiadoras, confrontadoras e confortadoras. E, assim, surgiu a série de vídeos que inspirou esta obra.

O passo seguinte foi reunir-me com os editores para descobrirmos de que maneira tudo se transformaria em um livro. A princípio, poderíamos transcrever episódio por episódio, mas isso já estava registrado em vídeo. Foi então que pensamos em conversas com um grupo específico de personagens. Este livro será dedicado aos diálogos de Jesus com os religiosos.

A verdadeira metanarrativa de nossa vida é o evangelho. Nossa história está dentro de uma grande história, aquela narrada pelas Escrituras. Contudo, isso não faz de nós seguidores de um livro. Somos seguidores de uma pessoa, e essa pessoa viveu e falou de suas ideias diante de nós. Em minhas observações e experiência de vida ministerial, percebo que, de modo geral, a religião construída a partir de motivações humanas navega nas águas do controle, e não da liberdade. Uma religião construída a partir das motivações humanas é,

INTRODUÇÃO: POR QUE OS DIÁLOGOS COM OS RELIGIOSOS?

na verdade, uma tentativa falha de se alcançar a Deus através de méritos próprios e de métodos humanamente construídos. É a essa religião que me refiro, um sistema que aboliu a graça e invalidou a cruz, fazendo com que ritos sacrificiais substituam a obra redentora e construindo uma fé que se apoia no rito, não em Cristo. Não nos achegamos a Deus por nossos méritos nem valor; estávamos mortos em nossos delitos e pecados e pela graça somos salvos, é isso que Paulo nos ensina (Ef 2:1). Assim, qualquer sistema humano que apresente um conjunto de ritos sacrificiais, por mais simples que sejam, visando a justificação do ser humano diante de Deus, é uma religião ineficaz. Esta é a religião contra a qual lutamos. E ela está mais próxima de nós do que pensamos.

Liberdade é de Cristo e o controle, da religião. Um é o oposto do outro. A religião constrói muros contentores para manter fiéis confinados, moldados para serem apresentados a Deus como gente manufaturada pela padronização da religião. A proposta do evangelho é contrária às regras encontradas nas religiões. O evangelho fala do que Cristo fez por nós para nossa libertação, enquanto normalmente o que encontramos nas religiões é o que devemos fazer para Deus para obtermos nossa libertação. O evangelho fala do preço pago por Jesus, e as religiões quase que invariavelmente falam do preço que devemos pagar. O evangelho fala da graça; a religião, do nosso custo. O evangelho trata sobre um renascimento, sobre uma transformação do ser; a regra religiosa é mais como uma lei a ser obedecida, uma ordem externa que, quando cumprida, nos dá o mérito de sermos abençoados.

DIÁLOGOS COM JESUS

Via de regra, as religiões padronizam pessoas em uma conduta pré-estabelecida, enquanto o evangelho nos forma à imagem de uma Pessoa.

O evangelho é a Palavra *(logos)* a ser encarnada, é a vida de Deus dentro de nós. A Palavra transfigurou-se em pessoa, e essa Pessoa viveu entre nós. Agora a Palavra está encarnada em nós, e a Pessoa habita em nós, o que nos torna cada dia mais parecidos com essa Pessoa: Jesus. Esse é um processo de morte e ressurreição. De dentro para fora, do Verbo vivo para o ser morto, e não da regra para a obediência. Apesar de amarmos a Palavra de Deus, não cumprimos regras meramente. Antes morremos para a vida humana e nascemos de novo pelo Verbo, vivemos por ele e para ele.

Os religiosos em seus confrontos com Jesus nos legaram conversas libertadoras, como a cura para a nossa fé. São os embates mais esclarecedores acerca da fé que já ocorreram em toda a história humana.

A resistência à morte para este mundo e a insistência pelo controle da vida por meio de leis perduram até os dias de hoje. Tal movimento está dentro de nossas comunidades, encarnado em nossas lideranças e aceito por nós, que, naturalmente sugestionados, viajamos no "piloto automático" sem nos incomodarmos, apenas reproduzindo ritos inconscientemente. Nesse sentido, é imprescindível uma reflexão sobre como e em quem cremos. Precisamos pensar sobre a nossa maneira de entendermos a nossa fé e como encaramos a nossa vida religiosa, para que ela não se torne um lugar de resistência a Cristo, ainda que nos chamemos cristãos. Nem

INTRODUÇÃO: POR QUE OS DIÁLOGOS COM OS RELIGIOSOS?

tampouco sejamos o paradoxo de uma resistência ao evangelho em uma religião chamada "evangélica".

Os diálogos de Jesus com os religiosos reproduzidos neste livro talvez possam provocar em nós uma conversão das trevas tão evidentes nos saduceus, fariseus e escribas para a gloriosa luz de Cristo.

A RELIGIÃO E O EVANGELHO

CAPÍTULO 1

ANTES DE MAIS NADA, PRECISAMOS COMPREENDER O CENÁRIO PARTICULAR DESTE LIVRO. VAMOS FALAR SOBRE A DIFERENÇA ENTRE LEI E GRAÇA, ENTRE RELIGIÃO E evangelho, entre os discípulos de Jesus e os líderes religiosos. Eis o cenário:

a. a religião judaica do primeiro século, o judaísmo tardio, como regra de vida baseada na lei de Moisés e na tradição de interpretação dos mestres da lei;

b. o evangelho de Cristo como uma nova vida proposta a partir de um novo nascimento, o que não era tão claro na época;

c. os religiosos que se opuseram a Jesus como atores de diferentes partidos da fé judaica, com interesses e disputas particulares;

d. os discípulos e o povo como seguidores de Jesus, uma comunidade emergente formada por novas criaturas.

Cada um desses pontos será detalhado ao longo de nossa jornada.

A RELIGIÃO

Quando falamos de religião, precisamos levar em conta se o significado dessa palavra se manteve o mesmo desde o primeiro século de nossa era. Seria anacrônico aplicar conceitos atuais aos dias de Jesus. A separação entre o sagrado e o comum, o natural e o sobrenatural, não era clara naquela época como é hoje — tudo era explicado de forma "religiosa". Havia, sim, uma distinção entre o físico e o espiritual, mas era diferente da nossa. Não havia uma religião institucionalizada em uma sociedade organizada que atua dentro de um contexto social. Um abismo de dois mil anos nos separa daqueles dias. Por isso é preciso manter a distância necessária e guardar as proporções devidas quando falamos em religião nos dias de Jesus. É preciso salientar também que os impérios e seus líderes misturavam, na condução de seus governos, economia, política, cultura e a vontade dos deuses. Essas coisas andavam juntas sem uma separação evidente. Neste livro, quando eu usar a palavra "religião", lembre-se disso.

Mesmo assim, encontramos nos diálogos de Jesus com os religiosos de sua época o mesmo embate que vemos hoje entre o evangelho e os fundamentalismos de nossa era. Apesar de estarmos dois mil anos à frente do cenário dos Evangelhos, a maldade inerente aos homens é a mesma, assim como os conchavos e a política de barganha de interesses. A corrupção dos homens que usam a fé como trampolim para sua perpetuação no poder sobre uma casta sacerdotal é a mesma. A falsidade e a hipocrisia que levavam líderes a exigirem do povo comportamentos sacrificiais que eles mesmos não praticavam são as mesmas. Este é o ponto: os diálogos de Jesus com as pessoas ligadas à religião, sejam saduceus, escribas, fariseus ou sacerdotes, sempre foram duros. Esses

A RELIGIÃO E O EVANGELHO   31

homens formavam uma grande oposição ao ministério de Jesus. Dessa forma, uma pergunta deve nos orientar na jornada deste livro: o que existe em comum entre minha prática de fé e uma religião que se opõe a Cristo?

A palavra "religião" tem significados diversos e pode ser compreendida simplesmente como um movimento de crença de um grupo de pessoas dentro de uma sociedade, ou como um conjunto de doutrinas e ritos praticados por esse mesmo grupo de pessoas, ou até como um conjunto de princípios éticos e morais dentro de um grupo religioso. Contudo, no contexto deste livro, gostaria que pensássemos em religião como um movimento resistente ao reino de Deus. Isso mesmo: a religião como um movimento que se contrapõe a Deus.

Foi esse movimento e seus líderes que Jesus enfrentou em seus dias e que retrataremos aqui em diversos diálogos de confronto contra a "religião" dos escribas, dos fariseus e dos saduceus que se opuseram a Jesus. Falaremos sobre a prática de fé falsa e hipócrita de líderes que transitavam no templo, nas sinagogas, no Sinédrio, e entre os sacerdotes e os anciãos.

Estamos diante de um grande desafio: construirmos uma ideia clara, e com o devido discernimento, sobre a diferença entre a religião proveniente do Antigo Testamento, a religião do povo escolhido de Deus, a religião de Deus, e o que se praticava por esses homens contrários ao ministério de Cristo. Essa foi a religião que se opôs a Jesus, o Filho de Deus.

Assim, poderemos entender o que aconteceu com a religião de Deus para que seus líderes perseguissem e matassem o Filho... do próprio Deus (um grande paradoxo). Foram esses

32 DIÁLOGOS COM JESUS

defensores da fé, guardiões da lei de Moisés e das Escrituras que perseguiram, julgaram e sentenciaram Jesus à morte, buscando apenas o aval de Roma na pessoa de Pilatos, o qual lavou suas mãos (Mt 27:24).

Você pode contra-argumentar e dizer que esse nunca foi o intento de Deus, e que os livros da lei, as palavras dos profetas, ou os livros de sabedoria, estão cheios do amor de Deus, de sua bondade, de seus princípios éticos e de seu plano gracioso de redenção. Que os escritos históricos de Samuel, Reis ou Crônicas, Ester, Juízes, Rute ou Esdras estão repletos da manifestação da justiça e da graça de Deus mesmo diante do pecado de seu povo. Você pode sair em defesa dessa religião e seu propósito em cada linha das Escrituras, e vou concordar com você. Direi amém a quase tudo. Porém, precisamos compreender que o propósito de Deus desde Genesis 3 não foi enviar ao mundo uma religião, mas, sim, o seu Filho. Não podemos achar que *Deus amou o mundo de tal maneira que nos deu uma **religião** para que todo aquele que nela crê não pereça, mas tenha a vida eterna* (Jo 3:16, adaptado). Jamais!

Nesse sentido é que me dirijo a você, com a intenção de esclarecer o significado mais perverso da palavra "religião", ou seja, um conjunto de regras e doutrinas que pretende ser maior que Deus, liderada por homens sem Deus, que pensam ter o poder de subjugar a Deus, ou que acham que têm mais poder do que Deus e que desejam ocupar o seu lugar. Essa é a religião adorada, defendida e amada mais do que o próprio Deus. Uma vez que não podemos servir a dois senhores,

A RELIGIÃO E O EVANGELHO   33

quando uma religião preenche o lugar de Deus em nós, inevitavelmente ela será contra Deus. Isso lhe soa estranho? E o fato de sermos pessoas religiosas e de corrermos o risco de ser oposição a Deus? Acredito que isso já seja realidade em grande parte de nossas comunidades de fé e, por isso, precisamos rever nossa vida de fé. A religião que se opõe a Cristo é silenciosa, está mais presente em nossas comunidades do que pensamos, mais viva em nosso dia a dia comunitário, em nossa eclesiologia do que o verdadeiro evangelho de Cristo. E, porque chamamos essa prática de religião, jamais nos ocorreu que, nela, estamos distantes de Deus.

Olhando para os dias de hoje, e tendo em mente o desenvolvimento de movimentos religiosos ao longo da história, podemos notar que a religião é uma potestade, um poder organizado. Mais do que a definição de um grupo de pessoas em torno de uma fé comum, poderíamos dizer que, na prática, ela é uma divindade com vida própria, independente de Deus ou de qualquer deus. Os religiosos são os operadores do sistema, que é rentável e prazeroso, por isso seus cargos (muitas vezes vitalícios) são tão disputados.

Religiões não precisam de Deus para existir, tampouco de deuses; aliás, não precisam de deus algum, elas podem simplesmente existir. Há pessoas que acreditam em forças da natureza, outros se conectam com o universo, há quem diga que sua religião é o amor. Você já deve ter tido contato com pessoas que professam fé no inexistente, no vazio. Essas pessoas realizam ritos, obedecem a preceitos, louvam, celebram, aprendem doutrinas, ensinam, emocionam-se, choram e se alegram, dizem sentir coisas maravilhosas, êxtases, experiências inexplicáveis — tudo sem qualquer envolvimento com qualquer divindade que seja.

Há uma infinidade de religiões no mundo — inclusive o cristianismo — que podem perfeitamente existir sem Deus. Não é necessário existir um deus para que uma religião faça sentido. Para muitos, ela já é o deus que precisam. Seu ritualismo basta para preencher a espiritualidade da maioria das pessoas. É possível sermos povo de Deus, professar o cristianismo, fazer tudo religiosamente correto sem perceber que não há nada de Deus nisso? Sim, e talvez seja o que mais aconteça.

A partir de agora, sempre que utilizarmos a palavra "religião", estaremos nos referindo a esse sistema nefasto especialmente organizado para afastar pessoas de Deus. Um conjunto de doutrinas que não demonstram a graça de Cristo. Um conjunto de regras impostas que não figuram nos sermões de Jesus e que não perfazem o resumo de sua proposta de vida nem sua lógica de reino. Estamos nos referindo a uma casta de liderança que se aproveita de sua posição visando seu enriquecimento, seu bem-estar, o tráfico de influências para receber benefícios de Roma, o comércio de coisas sagradas no mercado do imponderável e o comando do povo. Em suma estamos falando de:

Religião: um sistema de poder, uma potestade que se levanta contra Deus em nome de Deus.

Religiosos: homens que se apresentam como representantes de Deus para perseguirem até a morte o Filho de Deus.

A RELIGIÃO E A BÍBLIA

Como cristãos, nossa base de fé se encontra na Bíblia. Constantemente pessoas me perguntam se de fato creio na Bíblia. Sim, creio. Estudei e continuo a estudar sobre a tradição dos escritos e sua preservação, o cuidado e o zelo do escribismo judaico dos dias de Esdras em preservar os rolos das Escrituras e organizar o cânon do Antigo Testamento. Gosto de ler obras que demonstram a evolução investigativa nos manuscritos do Novo Testamento, desde os manuscritos alexandrinos, passando pela Idade Média, até a história da formação do cânon do Novo Testamento. Costumo me apoiar em mestres eruditos das línguas originais como Kurt Alland, Barbara Alland, Eberhard Nestle, Bruce Metzger, dentre outros. Tenho provas mais do que suficientes de que esse texto que temos em mãos não é obra de infantes nem invenção de oportunistas, mas um trabalho de séculos de investigação e preservação de textos milenares, um documento da humanidade preservado com muito zelo, responsabilidade e erudição.

No entanto, há uma segunda resposta para essa mesma pergunta. E a resposta é "não". Não creio que tudo que está escrito na Bíblia diz respeito à minha espiritualidade e à minha prática de fé. Sei que essa resposta pode parecer herege, mas não é. A Bíblia é um conjunto de livros. É um livro de histórias, ou melhor, é o Livro da História. A Bíblia é a narrativa que está acima da narrativa de nossa vida. Nossas histórias estão dentro de uma outra grande história, uma história superior, que nos fala de nossas origens, que nos revela o Criador, que nos fala de nossa queda e do plano divino de

36 DIÁLOGOS COM JESUS

salvação, indicando-nos a consumação de todas as coisas, a redenção final do cosmo. Por isso dizemos que a Bíblia é uma metanarrativa (*metá* — preposição grega que significa "além de"). A Bíblia é uma narrativa além da nossa narrativa individual de vida. A Bíblia é a narrativa do mundo, uma história contada em quatro grandes atos: Criação, Queda, Redenção e Consumação.

Normalmente, quando lemos fábulas ou romances, ou quando assistimos a filmes, televisão ou peças de teatro, pretende-se, pelo menos em parte, que esqueçamos nosso mundo e vivamos por alguns momentos no mundo da ficção. No final da história, saímos do outro lado, voltamos para o nosso mundo e retomamos a nossa vida. Nós nos entregamos a uma espécie de fuga da realidade para a ficção, talvez com a esperança de obter conhecimento, aperfeiçoamento ou pelo menos diversão enquanto estivermos "afastados". Alguns de nós procurarão trazer alguns elementos de verdade ou sabedoria ou beleza como recordações do mundo da fantasia, que talvez nos deem alguma compreensão nova (embora reconhecidamente limitada) de um aspecto de nossa vida no mundo "real". Mas não é assim com a narrativa bíblica. A Bíblia afirma ser o mundo real. Essa narrativa, entre todas as narrativas, afirma contar a verdade toda sobre como o nosso mundo realmente é. Nessa narrativa, pretende-se que descubramos qual o sentido de nossa vida.[2]

---

[2]Michael W. Goheen; Craig G. Bartholomew, *Introdução à cosmovisão cristã* (São Paulo: Vida Nova, 2016), p. 26.

Nossa pequena história, que relata a rápida passagem que fazemos por esta vida, está contida em uma grande história, a história do cosmos relatada na Bíblia.

Nos 66 livros que a compõem, temos livros de legislação, poéticos (como Salmos e Cântico dos cânticos), históricos (que narram a vida do povo temente a Deus), com conteúdo profético, apocalíptico, cartas e, claro, os Evangelhos. Tudo isso perfaz o conteúdo riquíssimo que chamamos Bíblia.

Quando nos perguntam se acreditamos em tudo o que a Bíblia diz, querem saber se praticamos tudo o que ela professa a respeito da fé. Nesse caso, a resposta óbvia é não. Os escritos aconteceram durante um período de aproximadamente 1700 anos. A história de Deus com o homem, iniciada no Éden, ainda passaria por muitos capítulos. Adão não viveu a igreja, Noé não conheceu o evangelho, Moisés não sabia de Cristo, os reis não imaginavam que tipo de reinado divino em Jesus viria sobre o povo. A fé do templo era transitória, e a lei serviu como aio, como nos ensina Paulo na Epístola aos Gálatas: teve começo, meio, propósito e fim, e o fim da lei é Cristo (Gl 3:23-25). Esses escritos surgiram em momentos históricos diferentes, em culturas diferentes e, o mais importante, em diferentes momentos da revelação de Deus ao homem. Por isso, mesmo que creiamos na veracidade do texto bíblico, não o praticamos na totalidade, e tampouco devemos praticar na totalidade tudo que a Bíblia diz. Por exemplo:

DIÁLOGOS COM JESUS

- não praticamos a circuncisão;
- não acreditamos que Deus habita dentro de uma arca; atrás de uma cortina em uma sala de um templo;
- não nos tornamos judeus prosélitos para sermos salvos;
- não oferecemos o sacrifício de um animal cada vez que cometemos um pecado;
- não colocamos mulheres para fora da cidade por sete dias quando estão no ciclo menstrual;
- não damos ao nosso filho mais velho o dobro do que damos aos outros;
- não tratamos com mais honra nosso primogênito do que nossos outros filhos;
- não dividimos animais entre puros e impuros para alimentação;
- não vamos a Jerusalém uma vez por ano para receber o perdão pelos pecados;
- não ficamos fora da igreja quando temos uma alergia não identificada;
- não guardamos o sábado;
- quando nos arrependemos de um pecado, não rasgamos a roupa ou nos vestimos com sacos, tampouco nos sentamos sobre cinzas;
- nossos pastores não são descendentes da extinta tribo de Levi;
- não temos sacerdotes que oficiam sacrifícios;
- nossos ministros não se lavam em talhas de água e depois se vestem de branco antes de pregar;

A RELIGIÃO E O EVANGELHO 39

- não acreditamos que podem ter cargos públicos apenas aqueles que descendem de Davi, o judeu;
- não obrigamos mulheres a usarem véu em nossas reuniões;
- não fazemos três orações por dia dentro do templo;
- não repetimos o *Shemá Israel* três vezes ao dia para nossos filhos;
- não estudamos com mestres da lei;
- não decoramos o Pentateuco.

Eu poderia escrever páginas e mais páginas com afirmações como essas, cheias de práticas e rituais bíblicos, e você concordaria comigo em todas e me diria que não devemos praticá-los, mesmo que estejam relatados na Bíblia. Talvez essas práticas que descrevi sejam obviamente reconhecidas como inadequadas para nossa fé hoje, mas posso dizer que outras deveriam estar nessa lista, ainda que muitos não percebam sua inadequação. É aqui que começa nosso embate da religião para os dias de hoje, semelhantemente aos embates de Jesus com os religiosos de seus dias.

Todos querem encontrar a famosa "base bíblica" para suas atitudes. Para os que querem discutir se determinada prática é bíblica ou não, costumo dizer:

Toda base bíblica vem da Bíblia, mas nem tudo que está na Bíblia é base bíblica para nossa prática de fé.

O fato de algo estar escrito na Bíblia não significa que deva ser reproduzido por nós. Sempre vejo pastores dizendo que certo rito deve ser praticado pois é "bíblico", ou seja, está na

40 DIÁLOGOS COM JESUS

Bíblia. Vou reafirmar de outra maneira: **Tudo que é "bíblico" está na Bíblia, mas nem tudo que está na Bíblia é "bíblico".** Isso não é desacreditar da Palavra de Deus, mas sim entendimento interpretativo. Temos uma noção hermenêutica, mesmo que não tenhamos estudado teologia.[3] Entendemos, ainda que não sejamos teólogos, que o rito religioso do Antigo Testamento teve hora e lugar, começo e fim, e que hoje tudo o que cremos e praticamos está no evangelho de Cristo, e apenas no evangelho de Cristo.

Crer no evangelho não invalida nossa relação com o Antigo Testamento, seus relatos sobre Deus, a demonstração do poder e do amor de Deus em suas páginas, seus princípios e seu caráter impressos na história. Contudo, precisamos entender que o evangelho de Cristo e o Cristo do evangelho são as lentes através das quais interpretamos tudo que lemos. Os religiosos da época de Jesus não entendiam isso, então o perseguiram. Cristo está na Bíblia toda, de Gênesis a Apocalipse, de acordo com o próprio Jesus.

Após sua ressurreição, ele se encontra com dois discípulos a caminho da cidade de Emaús:

> Naquele mesmo dia, dois discípulos estavam indo para uma aldeia chamada Emaús, que ficava a uns dez quilômetros de Jerusalém. E iam conversando a respeito de tudo o que tinha acontecido. Enquanto conversavam e discutiam, o próprio Jesus se

---

[3]Hermenêutica é a parte da teologia que estuda a interpretação do texto bíblico.

A RELIGIÃO E O EVANGELHO **41**

aproximou e ia com eles. Porém os olhos deles estavam como que impedidos de o reconhecer. Então ele lhes perguntou: "O que é que vocês estão discutindo pelo caminho?" E eles pararam entristecidos. Um, porém, chamado Cleopas, respondeu: "Será que você é o único que esteve em Jerusalém e não sabe o que aconteceu lá, nestes últimos dias?" Ele lhes perguntou: "Do que se trata?" Eles explicaram: "Aquilo que aconteceu com Jesus, o Nazareno, que era profeta, poderoso em obras e palavras, diante de Deus e de todo o povo, e como os principais sacerdotes e as nossas autoridades o entregaram para ser condenado à morte e o crucificaram. Nós esperávamos que fosse ele quem havia de redimir Israel. Mas, depois de tudo isto, já estamos no terceiro dia desde que essas coisas aconteceram. É verdade também que algumas mulheres do nosso grupo nos surpreenderam. Indo de madrugada ao túmulo e não achando o corpo de Jesus, voltaram dizendo que tinham tido uma visão de anjos, os quais afirmam que ele vive. De fato, alguns dos nossos foram ao túmulo e verificaram a exatidão do que as mulheres disseram; mas não o viram". Então ele lhes disse: "Como vocês são insensatos e demoram para crer em tudo o que os profetas disseram! Não é verdade que o Cristo tinha de sofrer e entrar na sua glória?" **E, começando por Moisés e todos os Profetas, explicou-lhes o que constava a respeito dele em todas as Escrituras** (Lc 24:13-27).

Não é incrível ver o próprio Jesus explicando que, desde os escritos de Moisés, passando por todos os profetas, tudo que estava escrito era sobre ele! Volto a repetir: os religiosos da época de Jesus não entenderam isso, mas não é uma exclusividade de seu tempo, pois, em nossos dias, muitos ainda não compreenderam essa verdade. Por isso, perseguiram Jesus — e ainda o perseguem.

Cristo está em cada página das Escrituras. É anunciado, profetizado e esperado no Antigo Testamento. É o Rei dos reis pré-simbolizado na linhagem real de Israel, é o Sumo Sacerdote representado nos sacerdotes. É o verdadeiro profeta sinalizado pelos antigos profetas. Todos eles prefiguravam Jesus, o Cristo. Tudo antes e tudo depois aponta para Cristo. Cristo é o centro das Escrituras, mas também da existência e do universo.

> Ó profundidade da riqueza, tanto da sabedoria como do conhecimento de Deus! Quão inexplicáveis são os seus juízos, e quão insondáveis são os seus caminhos! "Pois quem conheceu a mente do Senhor? Ou quem foi o seu conselheiro? Ou quem primeiro deu alguma coisa a Deus para que isso lhe seja restituído?" Porque dele, e por meio dele, e para ele são todas as coisas. A ele seja a glória para sempre. Amém! (Rm 11:33-36).

No campo da fé e da prática, acertadamente diremos que cremos no evangelho, somente no evangelho, esteja ele escrito no Antigo ou no Novo Testamento. Jesus nos mandou ir pelo mundo a pregar o evangelho a toda criatura. Tudo que não é evangelho é apenas histórico, transitório, ritualístico; é religião judaica, que não reconheceu o Messias, portanto, não diz respeito a nós, cristãos.

A RELIGIÃO E O EVANGELHO **43**

Entendemos como evangelho todo o enredo salvífico contido nas Escrituras, passando pela criação do cosmos, pela queda do homem e suas consequências cósmicas, pela obra graciosa de Cristo na cruz, por seu poder transformador que opera em nós a sua igreja e, por fim, sua segunda vinda, quando toda a criação será redimida. Cristo é o personagem central desde o Éden até a consumação final. O evangelho é a revelação de que fomos criados e recebemos vida no Éden, caímos e morremos no pecado de Adão, que é de nós todos, e nascemos de novo pelo sangue da cruz para estar com Jesus na eternidade. Existimos dentro dessa narrativa. Não cremos em religião alguma, esteja ela escrita no Antigo ou no Novo Testamento. Toda crença que não é evangelho é inevitavelmente contra o evangelho, mesmo que esteja na Bíblia.

Por último, vale a pena destacar o que nos ensina o escritor da Epístola aos Hebreus em um texto libertador. Ele nos fala que o templo e seus sacrifícios e utensílios eram uma parábola das coisas que viriam:

Ora, depois que foram feitos todos esses preparativos, os sacerdotes entram continuamente no primeiro tabernáculo para realizar os serviços sagrados. Mas, no segundo, o sumo sacerdote entra sozinho uma vez por ano, não sem sangue, que oferece por si e pelos pecados de ignorância do povo. Com isto o Espírito Santo quer dar a entender que o caminho do Santuário ainda não se manifestou, enquanto o primeiro tabernáculo continua erguido. **Isso é uma parábola para a época presente,**

44 DIÁLOGOS COM JESUS

na qual se oferecem dons e sacrifícios, embora estes, no que diz respeito à consciência, sejam ineficazes para aperfeiçoar aquele que presta culto, pois não passam de ordenanças da carne, baseadas somente em comidas, bebidas e diversas cerimônias de purificação, impostas até o tempo oportuno de reforma. Quando, porém, Cristo veio como sumo sacerdote dos bens já realizados, mediante o maior e mais perfeito tabernáculo, não feito por mãos humanas, quer dizer, não desta criação, e não pelo sangue de bodes e de bezerros, mas pelo seu próprio sangue, ele entrou no Santuário, uma vez por todas, e obteve uma eterna redenção. Portanto, se o sangue de bodes e de touros e a cinza de uma novilha, aspergidos sobre os contaminados, os santificam quanto à purificação da carne, muito mais o sangue de Cristo, que, pelo Espírito eterno, a si mesmo ofereceu sem mácula a Deus, purificará a nossa consciência de obras mortas, para servirmos ao Deus vivo! (Hb 9:6-14).

O templo que tinha a presença de Deus para onde todos se dirigiam era uma parábola, mas agora o templo é o próprio filho de Deus em meio ao seu povo. Os sacrifícios dos animais eram um símbolo do verdadeiro sacrifício que viria — Cristo. A arca da aliança, que continha a vara de Arão (autoridade), o maná (sustento) e as tábuas da lei (a palavra), era um símbolo da presença de Deus no meio do povo. Já não há mais arca alguma; a vara de Arão era uma simples parábola. Jesus é a autoridade de Deus entre os homens. Ele é o pão vivo que desceu dos céus; não precisamos mais de maná. Ele mesmo é o Verbo que se fez carne, a Palavra viva entre nós; não veneramos mais as tábuas da lei. As lâmpadas acesas no templo representam Cristo, pois ele é a luz do mundo, e assim por diante. Ficaríamos aqui por muito tempo apenas olhando para os dias de Israel e Judá e vendo Cristo em cada página das Escrituras.

O EVANGELHO

Evangelho significa boa-nova, boa notícia. O evangelho de Cristo é o anúncio de um reino de perdão e de reconciliação com Deus. O homem decaído e separado de Deus veria, em Cristo, o pagamento de seu pecado. Se antes o pecado exigia um pagamento com morte, este foi realizado na cruz por Jesus. E isso aconteceu por graça, por dádiva, sem preço. Por isso o amamos, por isso nos entregamos a ele, por isso desfrutamos a missão de viver e anunciar seu reino. O anúncio do tempo do perdão gratuito é o evangelho, que comumente chamamos de evangelho da graça de Deus, ou seja, a boa-nova que anuncia que a reconciliação.

O evangelho é também o anúncio de uma nova vida a partir da reconciliação. O Deus invisível se faz carne, habita entre nós e nos faz ver e viver a verdadeira vida:

No princípio era o Verbo, e o Verbo estava com Deus, e o Verbo era Deus. Ele estava no princípio com Deus. Todas as coisas foram feitas por ele, e, sem ele, nada do que foi feito se fez. **A vida estava nele e a vida era a luz dos homens** (Jo 1:1-4).

O evangelho nos anuncia que um novo jeito de viver, o viver de Cristo, a luz dos homens, é agora o nosso jeito de viver.

Está inaugurada a vida do reino pelo Filho que habita em nós mediante seu Espírito. A isso, chamamos de novo nascimento e, a nós, de novas criaturas. E não estamos só: somos muitos; somos um povo de vida, irmãos, filhos do mesmo Pai. Nossa irmandade não é definida por um conjunto de regras, mas por sermos todos habitação do mesmo Deus. E nossa fraternidade não é fronteiriça ou nacionalista; não tem uma etnia ou sobrenome. É a união dos discípulos do Cordeiro espalhados pelo mundo.

Portanto, o evangelho é a boa-nova que anuncia a chegada do Rei, aquele que inaugura o reino dos reconciliados, seus discípulos que nasceram de novo e vivem agora na imagem de Cristo. O evangelho é uma boa notícia que resolve o que a má notícia havia nos trazido: a dura realidade de que no Éden todos nós morremos. Em Adão, todos nós fizemos uma escolha: viver sem Deus.

O ser humano, em sua origem, só sabe de uma coisa: Deus. A outra pessoa, as coisas, a si mesmo ele só conhece na unidade de seu saber de Deus. Conhece tudo só em Deus e Deus em tudo. O saber do bem e do mal assinala a separação já acontecida da origem. No conhecimento do bem e do mal, o ser humano não se entende na realidade de sua determinação pela origem, mas sim em suas possibilidades próprias, ou seja, ser bom ou mau. Tem conhecimento de si ao lado de Deus, fora de Deus, e isso significa que só conhece a si mesmo e não mais a Deus. Pois só pode saber de Deus se sabe unicamente dele. A noção do bem e do mal constitui, portanto, a separação de Deus. Do bem e do mal o ser humano só pode saber contra Deus.[4]

A maneira como Bonhoeffer traduz a Queda e nossa relação com o bem e o mal é a base fundamental para entendermos o desenvolvimento da vida humana e suas decisões sobre o que é bom e sobre o que é mau segundo o ser humano, não segundo Deus.

O EVANGELHO E O NOVO SER

O evangelho não é uma nova lei, não fazemos o que fazemos porque devemos obedecer a uma lei que nos diz o que temos de fazer, apesar de sermos fiéis à Palavra de Deus. O evangelho é uma nova vida; Cristo nos faz morrer e nascer de novo, a fim de que sejamos um novo ser. Fazemos aquilo que somos, e somos novas criaturas, portanto, não fazemos algo apenas porque somos obedientes. É possível obedecer sem amar, obedecer por conveniência, obedecer por interesse. Cristo, entretanto, nos propõe uma nova ontologia, ou seja, uma nova essência. Foi acerca disso que os profetas tanto profetizaram no Antigo Testamento: a falsa fé do povo de Deus que obedecia e honrava a Deus com os lábios, mas vivia constantemente longe dele.

O Senhor disse: "Visto que este povo se aproxima de mim e **com a sua boca e com os seus lábios me honra, mas o seu**

---

[4]Dietrich Bonhoeffer, *Ética* (São Leopoldo: Sinodal, 2011), p. 15.

48 DIÁLOGOS COM JESUS

coração está longe de mim, e o seu temor para comigo consiste só em mandamentos ensinados por homens, continuarei a fazer obra maravilhosa no meio deste povo. Sim, farei obra maravilhosa e um prodígio, de maneira que a sabedoria dos seus sábios será destruída, e o entendimento dos seus entendidos desaparecerá." (Is 29:13,14).

A isso chamamos hipocrisia, quando alguém tem uma atitude aparentemente correta, mas que não expressa quem é de verdade. Na religião da lei, o homem precisa fazer o que a lei da religião diz. No evangelho da graça, o homem é convidado a morrer e renascer como um novo ser. O que ele demonstrará em suas atitudes é apenas uma consequência disso, de sua nova identidade.

O que fazemos é consequência do que somos, e não o contrário. Não somos de Jesus porque fazemos o que ele nos manda. Fazemos o que ele nos manda porque somos dele; somos a cada dia transformados em sua imagem pelo Espírito.

Ora, este Senhor é o Espírito; e onde está o Espírito do Senhor, aí há liberdade. E todos nós, com o rosto descoberto, contemplando a glória do Senhor, **somos transformados, de glória em glória, na sua própria imagem, como pelo Senhor, que é o Espírito** (2Co 3:17,18).

A religião opera em uma lógica contrária à do reino da graça de Deus. Opera na lógica do pagamento, do sacrifício, do rito e da penitência. De forma geral, dentro da lógica das religiões, tudo é feito para obter o favor da divindade.

Tenha isto em mente: na religião, qualquer coisa que fazemos tem por objetivo final receber a benção. No reino da graça, qualquer coisa que fazemos é fruto da benção. Parece a mesma coisa, mas é o inverso.

Note, a religião opera na lógica do *medo*, da *culpa* e do *benefício*.

- **Medo:** quase sempre o deus da religião causa medo, pois é um deus punitivo, vingativo e cruel. Se o devoto não fizer o que esse deus diz, estará em perigo. Por isso o devoto oferece sacrifícios e cumpre seus ritos motivado. Em linhas gerais, na religião, o medo é orientador das relações entre o humano e o divino.

- **Culpa:** geralmente, o deus da religião é retributivo. Se algo vai mal, é porque o devoto fez algo errado, está sob maldição e precisa imediatamente pagar pelo seu erro. Nesse caso, o deus retributivo está dando ao devoto o que ele merece pelo seu erro, uma punição. Por isso o devoto oferece sacrifícios e cumpre seus ritos para aplacar a ira de seu deus.

- **Benefício:** uma vez que o deus da religião é retributivo, se o devoto deseja algo de bom, precisa oferecer algo bom à divindade. A lógica da troca é lei na religião. Por isso o devoto oferece sacrifícios para receber benefícios.

50 DIÁLOGOS COM JESUS

O estado de perdão, reconciliação e paz que surge quando se desfaz uma inimizade não existe na religião. Na verdade, o bem-estar religioso é uma conquista momentânea, pois, passado o momento do sacrifício, depois de obtido o perdão e a bênção, o homem volta ao estado de culpa, medo e necessidade, e novamente deve oferecer sacrifícios para obter momentaneamente o favor de seu deus. Esse é o ciclo nefasto que tritura pessoas, esgotando-as até o último suspiro, enquanto buscam um bem que nunca terão totalmente. Medo, culpa e benefício: bem-vindo ao império da religião. Em resumo, podemos dizer que a religião nos faz pagar pelo que nunca vamos ter, e o reino da graça é o lugar onde temos o que nunca poderemos pagar.

A religião mantém o homem em autocomiseração por aquilo que não conseguiu pagar ou orgulhoso pelo seu comportamento correto. O reino da graça conserva o homem na consciência de que ele é um devedor grato pela graça e que vive em um estado de adoração, gratidão e missão.

Em última análise, quem transformar a fé cristã em uma simples religião (nos moldes que a definimos aqui), faz de Deus um ídolo que pode ser convencido por um rito. O rito torna o ídolo num servo, um ser que pode ser agradado para o benefício do homem.

GRAÇA E VIDA

Muita gente pode pensar que o reino da graça de Deus é um lugar de pessoas descompromissadas, irresponsáveis e que não se preocupam com sua santidade nem com obediência,

A RELIGIÃO E O EVANGELHO **51**

afinal de contas, Deus lhes deu tudo pela graça! Devo dizer que há muita gente que vive exatamente assim. Dietrich Bonhoeffer, define isso como "graça barata":

> Graça barata significa a graça como doutrina, como princípio, como sistema; significa perdão dos pecados como verdade geral, significa o amor de Deus como conceito cristão de Deus. Quem o aceita já tem o perdão de seus pecados. A igreja participa da graça já pelo simples fato de ter essa doutrina da graça. Nesta igreja, o mundo encontra fácil cobertura para seus pecados dos quais não tem remorsos e não deseja verdadeiramente libertar-se. A graça barata é, por isso, uma negação da Palavra viva de Deus, negação da encarnação do Verbo de Deus. Graça barata significa justificação do pecado, e não do pecador.[5]

Há pessoas que acham que, porque Deus lhes deu salvação pela graça e o preço foi pago na cruz, não há motivo para consagração e luta contra o pecado. Isso é um engano... ou conveniência. Uma pessoa verdadeiramente nascida de novo jamais desprezaria a graça, pois ela teve um preço, o preço da cruz. Quem entende a graça é porque se enxerga pecador e não merecedor; sua gratidão é eterna e sua vida, devotada.

O verdadeiro discípulo de Cristo é constrangido pelo amor de Deus e não consegue fazer nada a não ser viver como filho do reino. Não age assim porque tem medo, ou culpa, ou para obter um benefício; ele já se sente amado,

---

[5]Dietrich Bonhoeffer, *Discipulado* (São Paulo: Mundo Cristão, 2016), p. 9.

52 DIÁLOGOS COM JESUS

recebeu o que não mereceu; Cristo fez tudo de graça, por isso nosso coração agora é todo de Deus.

RELIGIÃO E MORTE

Uma triste realidade é o fato de prisioneiros da religião não perceberem que é notório o seu estado de alienação e irracionalidade para quem é de fora. Quando um observador externo não encontra razão na religião, está certo. Vivemos a vida discutindo com pessoas para que se convençam de que nossa religião é a correta, mas não entendemos nada. Jesus não veio trazer uma religião, veio nos dar uma oportunidade ontológica, a chance de sermos novas criaturas.

Imagine duas pessoas dentro de uma igreja, em uma celebração de domingo, lado a lado, tendo as mesmas atitudes, cantando os mesmos cânticos, compartilhando a mesma oração e demonstrando a mesma devoção. Uma faz por medo, culpa ou para obter um benefício. A outra faz porque ama a Deus, é grata pela cruz e não consegue fazer outra coisa a não ser entregar-se a Cristo.

Você consegue notar a diferença? Espero que esses diálogos o ajudem a sair da lógica da religião e dos domínios dos religiosos rumo ao reino de Deus. Religião alguma jamais nos salvará ou terá o poder de nos justificar diante de Deus. Você poderia perguntar: nem mesmo o cristianismo? Nem o cristianismo.

Volto a repetir: não podemos achar que Deus amou o mundo de tal maneira que nos deu uma *religião* para que todo aquele que nela crê não pereça, mas tenha a vida eterna.

A RELIGIÃO E O EVANGELHO **53**

O inverso da lógica do medo, da culpa e do benefício é a lógica do amor. O amor que reconhecemos em Deus, que nos amou primeiro. O amor de um Deus que enviou seu Filho por nós sem que merecêssemos. O amor pelo qual não podemos pagar. O amor que nos faz sermos gente dele, do reino dele, gente entregue a ele para a glória dele.

No amor não existe medo; pelo contrário, o perfeito amor lança fora o medo. Porque o medo envolve castigo, e quem teme não é aperfeiçoado no amor. Nós amamos porque ele nos amou primeiro (Jo 4:18,19).

Não agimos porque uma ordem nos foi dada, ou porque Deus nos exige sua vontade realizada, agimos porque o amamos, sua vontade foi escrita dentro de nós. Somos novas criaturas, reproduzimos apenas — ou pelo menos deveríamos reproduzir — aquilo que somos. Temos uma luta constante dentro de nós contra nós mesmos (Gl 5:17). Queremos lutar, desejamos vencer nossa carne, pois amamos a Deus.

A nova natureza no Espírito luta contra a velha natureza carnal. A carne não quer que façamos a vontade de Deus, mas nós o amamos e queremos ser sua imagem, não porque temos medo ou somos obrigados a obedecer, mas porque temos consciência da nova vida que nos tomou.

A sociedade em que vivemos nos enxerga como gente religiosa. De fato, ela nos enxerga no sentido primeiro da palavra "religião", afinal, somos um ajuntamento de pessoas que professam uma mesma fé. Mas, no sentido da lógica

54 DIÁLOGOS COM JESUS

retributiva que paga, compra e vende Deus, não somos gente da religião. Antes, devemos ser discípulos de Cristo, gente do reino da graça de Deus.

Para finalizar, gostaria de distinguir alguns termos para a compreensão de algo muito importante:

Ortodoxia: é a doutrina correta.
Ortopraxia: é a prática correta.
Ortopatia: é o sentimento correto.

A religião propõe a sequência: *ortopraxia* — *ortodoxia* — *ortopatia*, ou seja, faça o que é correto, porque essa é a lei, e você ficará orgulhoso. Nesse caso, a ortopatia tem um significado diverso, não o sentimento de Cristo, mas o orgulho da religião. O evangelho propõe outra sequência: *ortodoxia* — *ortopatia* — *ortopraxia*, ou seja, porque cremos na verdade, fomos transformados na imagem dele e temos o sentimento de Cristo (Fp 2:5), por isso fazemos o que fazemos e praticamos o que praticamos. Há uma diferença brutal nos dois modelos citados. A lógica da religião é: prática – obediência – orgulho. A lógica do evangelho é: fé na verdade – transformação – missão.

A RELIGIÃO JUDAICA NOS DIAS DE JESUS

Passemos agora ao cenário religioso dos dias de Jesus. Isso é importante, pois, ao lermos as páginas do Antigo Testamento, não encontramos a figura dos saduceus, não lemos sobre os fariseus nem sobre os escribas. As páginas que nos

A RELIGIÃO E O EVANGELHO **55**

contam a história de Israel e Judá não relatam nada sobre os helenistas, nem sobre os publicanos ou os zelotes. Não há relato de inauguração de sinagogas nem sobre o Sinédrio. Essas figuras e lugares surgiram entre o período do Império Persa (539-331 a.c.) e o período helenístico, um intervalo de tempo que chamamos de período intertestamentário.

O período do Império Persa está relatado em parte nos livros de Daniel, Ester, Esdras e Neemias e nos escritos dos profetas Ageu e Zacarias. Já o período helenístico se dá com a ascensão de Alexandre, o Grande (e posteriormente seus generais), e do Império Grego, o qual é substituído pelo Império Romano. Esse período de 400 anos não está relatado nas Escrituras, uma vez que durante esses anos houve um silêncio profético entre o Antigo e o Novo Testamento.

UM BREVE RELATO CRONOLÓGICO

As datas podem divergir de autor para autor, mas faremos aqui um relato resumido da história de Israel e Judá até chegarmos ao período helenista.

A MONARQUIA (1050 A.C.)

Passado o período da conquista da terra prometida e o período dos juízes, uma transição se inicia com a passagem de uma confederação das tribos para o período monárquico em Israel. O primeiro rei foi Saul. O segundo foi Davi, que promoveu grande expansão no reino através de suas conquistas, transformando Israel em uma grande potência de sua época. O terceiro rei foi o filho de Davi, Salomão, que prosseguiu

56 DIÁLOGOS COM JESUS

com a expansão do reino e ainda construiu o templo, o centro da religião e da espiritualidade de seu povo. O período de Salomão foi marcado por falhas administrativas e financeiras, além de tropeços em sua vida pessoal e religiosa, como o fato de Salomão ter tido setecentas mulheres e trezentas concubinas e permitir que elas cultuassem suas divindades. Por fim, seu reinado quase ruiu. Mesmo assim, o período foi lembrado pelo povo como o melhor, a era de ouro da vida de Israel; já o reinado de Davi tornou-se um modelo à nação.

A DIVISÃO DE ISRAEL (931 A.C.)

Após a morte de Salomão, seu filho Roboão passa a reinar em seu lugar. Roboão despreza os conselheiros experientes de seu pai e elege conselheiros jovens que cresceram com ele. Roboão aumenta os tributos, e o peso da carga sobre o povo causa uma cisão. Jeroboão, filho de Nebate, se torna rei das dez tribos do Norte e Roboão, de duas tribos no Sul. Assim, o povo de Deus se divide: de um lado, Israel, cuja capital é Samaria e o rei é Jeroboão; do outro, Judá, com capital em Jerusalém e Roboão como rei.

O FIM DE ISRAEL (722 A.C.)

Israel, uma nação decadente, em uma sucessão de reis infiéis a Deus, chega ao seu fim (2Rs 17). Samaria é vencida, o povo é transportado para a Assíria, e Israel desaparece como nação. O rei da Assíria trouxe gente da Babilônia, de Cuta, de Ava e de Sefarvaim para Samaria. Um novo povo não judeu ocupa a terra e procura servir a Deus como um deus da terra.

Judá também foi alvo de Senaqueribe, rei da Assíria nos dias de Ezequias (2Cr 32), mas Deus milagrosamente livrou Judá, que ainda se sustentou por mais 136 anos. O povo de Deus agora se resumia a Judá e sua capital, Jerusalém.

O CATIVEIRO DE JUDÁ (586 A.C.)

Esse é o ano da queda de Jerusalém, registrado em 2Crônicas 36. Nabucodonosor destrói Jerusalém e leva o povo cativo; a primeira deportação pode ter ocorrido já em 605 a.c. Nessa invasão, Jerusalém é destruída, seus muros são derrubados, suas portas são queimadas e o templo é saqueado e destruído (o salmo 137 é um lamento sobre a derrota para a Babilônia; a tristeza da nação é nítida nas palavras do salmista). As admoestações de Isaías e Miqueias, as palavras dos profetas contra o pecado de Judá e Israel, os alertas contra o orgulho e a prostituição espiritual não foram suficientes para demover o povo de Deus de seu caminho decadente. O profeta Jeremias é um profeta pré-exílico, suas palavras eram um alerta sobre a invasão babilônica, mas ele não foi ouvido. O livro do profeta Daniel narra a presença dos judeus deportados na Babilônia. Daniel teve destaque no reinado de Nabucodonosor e de Belsazar, seu filho, e ainda prosseguiu em destaque no período de Dario, o medo, chegando até o reinado de Ciro, o Persa, quando o Império Persa começava a se erguer.

Deste ponto em diante, quando nos referirmos a Israel ou Judá, falamos sempre de uma nação subjugada, um povo dominado, sem rei, sem poder sobre o território, pagando impostos aos dominadores e sem liberdade cultural e religiosa.

58 DIÁLOGOS COM JESUS

Assim, compreendemos que as profecias para o reino de Deus, anunciadas pelos profetas de diferentes maneiras em diferentes épocas, falavam na verdade de um reino diferente e de um Rei superior, pois a nação territorial deixou de existir. Ainda que hoje exista o Estado de Israel, reestabelecido pela Organização das Nações Unidas (ONU) em 1946, não estamos mais falando daquele povo que tinha um rei ungido, um templo e uma nação governada por leis religiosas mediadas por sacerdotes. Esse Israel acabou. E deveria acabar, pois um Rei justo e eterno formaria um novo reino, sem fronteiras, com pessoas de todos os povos, línguas e nações, sua igreja. A idolatria à nação atual de Israel, à sua bandeira e à ideia de templo como único lugar onde Deus habita nada mais são do que outro movimento religioso desconectado de Cristo.

O PERÍODO PERSA (539-331 A.C.)

Esse período aparece no Antigo Testamento, em 2Crônicas, nos livros de Esdras e Neemias e nos profetas pós-exílicos como Ageu, Zacarias e Malaquias.

A política assíria e babilônica de deportar os prisioneiros não consistia na tentativa de amalgamar ou assimilar povos e culturas. Em vez disso, ela procurava destruir o senso de unidade e dificultar a rebelião, dispersando grupos étnicos e nacionais e misturando-os com outros. Um pouco antes de derrotar a Babilônia em 539, Ciro (559-530) inverteu essa política. Os persas acreditavam que seria mais fácil controlar seus súditos se permitissem que eles vivessem em suas próprias terras e praticassem suas religiões (acreditava-se que a religião não poderia ser praticada fora do domínio territorial de seus deuses). Assim, os hebreus dispersos que desejassem tiveram permissão para voltar e reconstruir Jerusalém e o templo. A Judeia, que compreendia apenas uma pequena área ao redor de Jerusalém, parece ter sido pouco mais que um estado-templo.[6]

No período persa, vemos o início do movimento de proteção da identidade étnica, nacional, cultural e religiosa dos judeus. O templo tinha um lugar central na espiritualidade do povo judeu; sem o templo, cessam os sacrifícios, as orações diárias e as cerimônias. Sem o ofício sacerdotal, não há mediação entre o povo e Deus, e a lei passa então a ocupar um lugar central na espiritualidade judaica. A observação da lei e seu ensino passa a ser o único movimento de espiritualidade restante.

Nesse momento a nação estava perdida! Jerusalém havia caído! O templo já não existia! O povo havia sido levado para o cativeiro! As palavras dos profetas se confirmaram! Nesse momento era óbvio que o Senhor, na verdade, se importa mais com obediência, amor leal (*hesed*), justiça, retidão e conhecimento dele e a caminhada humilde com ele que com sacrifícios e holocaustos, festivais e assembleias solenes (Jr 7.21-23; Os 6.6; Am 5.21-24; Mq 6.6-8). Talvez de maneira imperceptível a princípio, houve uma mudança de ênfase do templo e

---

[6]J. Julius Scott Jr., *Origens judaicas do Novo Testamento* (São Paulo: Shedd, 2017), p. 78.

das cerimônias para os princípios morais e a ética. Afinal, a negligência dessa parte da religião havia levado Israel a essas situações difíceis. Uma vez que o templo não existia, só a parte moral e ética da prática religiosa ainda era possível.[7]

Entre o período persa e o helenístico, surgem as sinagogas. A palavra grega *synagogé* significa "lugar de assembleia", e era formada por no mínimo dez homens. A sinagoga se tornou o centro da vida religiosa do povo, pois se concentrava na leitura da lei e dos profetas, no ensino da tradição oral da interpretação dos textos e na observação da conduta ética e moral do povo. Mesmo após a reconstrução do templo, as sinagogas seguiram sendo um local importante na vida religiosa judaica. A tradição rabínica afirma que havia cerca de 480 sinagogas em Jerusalém, o que mostra como seu papel foi fundamental.

Agora entendemos como surgiram as sinagogas, locais que não figuravam nas páginas do Antigo Testamento, mas que aparecem com frequência nas narrativas dos dias de Jesus.

O advento das sinagogas também trouxe a multiplicação do número de escribas, e sua importância no cenário religioso ganhou outra proporção. O escribismo judaico até então se concentrava na cópia das escrituras. Um escriba era um copista, mas sua convivência com o texto bíblico fazia dele um conhecedor como poucos. Quando o Novo Testamento nos fala sobre "mestres da lei", está falando sobre os escribas. Alguns escribas eram do partido dos fariseus, outros dos

---

[7]Ibid., p. 129.

saduceus. Alguns fariseus eram escribas, outros eram leigos — mas falaremos sobre os fariseus e os saduceus mais adiante.

É Ciro quem ordena a reconstrução do templo sobre a qual lemos no livro de Esdras, mas ela é concluída apenas em 516 a.c. É na nova migração no sétimo ano de Artaxerxes (458 a.c.) que o culto no templo retoma sua força. No mais, o que lemos em Neemias sobre a construção do templo se inicia no vigésimo ano de Artaxerxes (445.a.C.).

INÍCIO DO PERÍODO HELENÍSTICO (331 A.C.)

Saímos dos períodos de certa forma narrados no Antigo Testamento e entramos no chamado período helenístico, o domínio imposto pela civilização grega. O termo "helenismo" vem do grego *Hellas*, que significa Grécia. Filho de Filipe, Alexandre sucedeu o pai em 334 a.c. e iniciou sua campanha de expansão vencendo Dario III, rei da Pérsia. Em seguida, entrou na Síria, prosseguindo pela costa do Mediterrâneo e indo em direção à terra que pertenceu a Israel. Samaria, Judeia, Gaza, Tiro, todas foram tomadas por Alexandre, que depois conquistou o Egito e fundou a cidade de Alexandria. Posteriormente, esse imperador atravessou o Eufrates e o Tigre, venceu Dario outra vez e ocupou as capitais persas, Babilônia e Susã.

A carreira de Alexandre foi curta, mas avassaladora, por isso ficou conhecido como "o Grande". Porém, em 323 a.c., enquanto fazia planos para prosseguir com a expansão de seu império, teve uma febre e morreu na Babilônia. Após sua morte, seus generais lutaram pelo controle do território, que acabou sendo dividido em quatro partes. Os dois grupos

62 DIÁLOGOS COM JESUS

mais importantes para a história do povo no Exílio foram os ptolomeus (general Ptolomeu), que dominavam o Egito com capital em Alexandria, ao sul, e os selêucidas (general Seleuco), que ocupavam a Síria, com capital em Antioquia. Ptolomeus e selêucidas disputavam a Transjordânia, exatamente o território onde estava Jerusalém, que a princípio estava sob o domínio dos ptolomeus. Muitos judeus foram para Alexandria, e provavelmente foi Ptolomeu II Filadelfo (285-246 a.c.) quem ordenou a produção da *Septuaginta,* a tradução grega das escrituras hebraicas.

A cultura helenística, cujas crenças e filosofia formavam um novo espírito e novos valores, marcou o mundo da época. Os judeus resistiam ao helenismo, mantendo suas tradições, mas logo chegariam os selêucidas, e tudo mudaria.

O PERÍODO SELÊUCIDA (198-164 A.C.)

Antíoco III derrota Ptolomeu IV em 198 a.c. e os selêucidas tomam o controle da Transjordânia. A princípio, os judeus receberam a mudança com bons olhos, pois os tributos foram reduzidos e Antíoco III fez contribuições para o templo. Mas, algum tempo depois, Antíoco IV Epifânio ascende ao trono determinado a impor a cultura helenística em todo seu domínio. Ao utilizar "Epifânio", ou seja, "o que parece do alto", Antíoco sentia-se a própria manifestação de Deus na terra.

Nessa época, surgiram entre os judeus duas facções no sacerdócio do templo: "a Casa de Onias (pró-ptolomeus) e "a Casa de Tobias" (pró-selêucidas). Esse Tobias era o mesmo que oferecera resistência a Neemias na reconstrução dos

A RELIGIÃO E O EVANGELHO 63

muros de Jerusalém (Ne 4). A Casa de Onias remontava à descendência de Zadoque, sacerdote do templo nos dias de Davi (2Sm 15:24-29). Também nesses dias, o templo passou a ser o local de coleta de impostos e o centro de pagamento do tributo aos gregos; um local não apenas religioso, mas também um rentável ponto de negócios, além de palco de disputas políticas acirradas.

Antíoco Epifânio substituiu Onias III por Jasom, que, por suborno, aceita aumentar os impostos e rompe uma sequência familiar no sacerdócio. Jasom desejava promover o helenismo em Jerusalém. Depois disso, Menelau (da casa de Tobias) compra o direito ao sacerdócio e ao controle religioso, e os zadoquitas perderam o direito sacerdotal do comando do templo. Nesse ponto, surge a simonia, ou seja, a compra e venda de coisas "espirituais", o comércio de itens sagrados. O templo e o sacerdócio estão sob o comando do governante grego, e os judeus que se opuseram à helenização foram chamados de *hassidim*, que poderíamos traduzir por "puritanos".

Uma falsa notícia de que Epifânio havia morrido no Egito levou Jasom a tomar o sacerdócio de Menelau. Epifânio interpreta essa atitude como uma revolta e envia soldados a Jerusalém a fim de reintegrar Menelau ao seu posto. Dois anos depois, 22 mil homens marchariam a Jerusalém por ordens de Epifânio para tornar ilegal o judaísmo e consolidar a helenização em Jerusalém.

Os soldados saquearam Jerusalém, derrubaram suas casas e muralhas e incendiaram a cidade. Varões judeus foram mortos em bom número, mulheres e crianças foram escravizadas. Tornou-se ofensa capital circuncidar, observar o sábado, celebrar as festividades judaicas ou possuir cópias do Antigo Testamento. Muitos manuscritos do Antigo Testamento foram destruídos. Os sacrifícios pagãos tornaram-se compulsórios, tal como os cortejos em honra a Dionísio (ou Baco), o deus grego do vinho. Um altar consagrado a Zeus, e quiçá também uma estátua sua, foram erigidos no templo. Animais execrados pelos preceitos mosaicos foram sacrificados sobre o altar, e a prostituição "sagrada" passou a ser praticada no recinto do templo de Jerusalém.[8]

O PERÍODO HASMONEU (MACABEU) (164-63 A.C.)

O sacerdote Matatias, da família de Asmon (daí o adjetivo hasmoneu), mata um oficial selêucida e um judeu apóstata e brada: "Venham comigo todos os que são dedicados à lei e querem continuar fiéis à aliança!" (1Macabeus 2:27), retirando-se para o deserto da Judeia e iniciando assim uma revolta. Matatias morre logo na sequência, mas seus cinco filhos prosseguem, encabeçados por um deles, Judas, conhecido como Judas Macabeu ("o martelo"). Muitos *hassidim* se juntam a eles, e os selêucidas, envolvidos em outras frentes de batalha, não podem fazer frente à revolta. Assim, os rebeldes liderados por Judas Macabeu vencem e restauram a cultura

---

[8]Robert H. Gundry, *Panorama do Novo Testamento*, 3. ed. (São Paulo: Vida Nova, 2011), p. 8.

A RELIGIÃO E O EVANGELHO

judaica, dando início ao período hasmoneu (164-63 a.C.). Ao todo, foram 101 anos desde a revolta de Judas Macabeu até a chegada dos romanos.

O final do período hasmoneu é marcado por uma decadência do propósito inicial contrário à helenização, já que muitas concessões marcaram o fim desse período. Vamos recordar que os escribas ganharam muita importância com o surgimento das sinagogas, e agora outros dois importantes grupos passam a figurar na história: os saduceus e os fariseus.

Da descendência de Zadoque, os saduceus eram um pequeno grupo formado pela aristocracia, uma elite rica em Jerusalém, e se alinharam com os hasmoneus, ajustando-se à helenização e ao controle grego. Os saduceus prosseguiram no Império Romano. Não protestaram contra a ocupação romana e permaneceram no templo. Controlavam o comércio do templo e o câmbio de dinheiro, já que dracmas e denários não eram aceitos no recinto sagrado, apenas o siclo, a moeda do templo. Portanto, era uma elite rica que dominava a religião no templo e seu comércio. Não criam na tradição oral da interpretação dos escritos, tinham apenas o Pentateuco como normativo, e não criam na ressurreição.

Do hebraico *parishim*, "separados", os fariseus provavelmente se originaram dos primeiros *hassidim,* os puritanos contrários à helenização.

Os fariseus eram em geral um popular e proeminente grupo de leigos que procuravam aplicar a Torá em cada área da vida.

DIÁLOGOS COM JESUS

Seu domínio básico era a sinagoga, e sua principal preocupação era criar uma cerca em volta da Torá, ou seja, explicar o significado das várias leis mosaicas e como deviam ser aplicadas, de forma que os israelitas devotos soubessem exatamente como obedecer a Deus em qualquer situação que viessem a enfrentar. Por conseguinte, desenvolveram as chamadas leis orais (as "tradições dos anciões" por exemplo, Marcos 7.5 e Mateus 23.2), mais tarde codificadas na Mixná, que os colocavam frequentemente em conflito com Jesus. A popularidade dos fariseus continuou durante o século 1, exceto entre as classes altas, que os temiam em função da habilidade para controlar as massas.[9]

Os fariseus eram contrários ao uso da violência para se libertar dos romanos e procuravam, através da obediência da lei, o favor de Deus, que proveria um salvador. Criam na ressurreição e na imortalidade da alma, diferentemente dos saduceus, e utilizavam não apenas o Pentateuco, mas todos os escritos como base de sua interpretação. Alguns fariseus se tornaram escribas, mestres, e alguns escribas aderiram ao partido dos fariseus — por isso, às vezes, os Evangelhos os apresentam como muito próximos. No entanto, havia escribas ligados aos saduceus. O cenário que Jesus encontra em seu ministério está se tornando mais claro. Vamos ao próximo capítulo dessa história.

---

[9]Craig L. Bloomberg, *Introdução aos Evangelhos* (São Paulo: Vida Nova, 2017), p. 68.

O PERÍODO ROMANO (63 A.C.)

Muitos detalhes envolvem o fim do período hasmoneu, a conquista de Jerusalém pelo general romano Pompeu e a ascensão de Herodes, o Grande, que governou o território do antigo Israel entre 37 e 4 a.c. O importante em nosso estudo é compreender que o templo, antes comandado pelos gregos, agora está sob domínio romano. O poder troca de mãos, mas a prática segue intocável. Anás é nomeado sumo sacerdote em 6 d.c. e deposto em 15 d.c. Seu genro, Caifás, assume o posto até 37 d.c. e — ainda que Anás não fosse mais o sumo sacerdote — mantinha-se como uma sombra ao lado do genro. Lucas trata desse assunto de forma bem elucidativa:

No décimo quinto ano do reinado de Tibério César, sendo Pôncio Pilatos governador da Judeia, Herodes, tetrarca da Galileia, seu irmão Filipe, tetrarca da região da Itureia e Traconites, e Lisânias, tetrarca de Abilene, sendo sumos sacerdotes Anás e Caifás, a palavra de Deus veio a João, filho de Zacarias, no deserto. Ele percorreu toda a região nas imediações do rio Jordão, pregando batismo de arrependimento para remissão de pecados, conforme está escrito no livro das palavras do profeta Isaías: "Voz do que clama no deserto: Preparem o caminho do Senhor, endireitem as suas veredas. Todos os vales serão aterrados, e todos os montes e colinas serão nivelados; os caminhos tortuosos serão retificados, e as estradas irregulares serão aplanadas; e toda a humanidade verá a salvação que vem de Deus" (Lc 3:1-6).

O governo romano estava dividido em quatro tetrarquias, com quatro governadores: Pilatos, Herodes, Filipe e Lisânias.

O sumo sacerdócio era duplo, com Anás e Caifás, algo inusitado, uma vez que, desde Arão, o sacerdócio passava de pai para filho, uma tradição que há muito já se desviara de suas origens. No entanto, é importante salientar que, ainda que o sacerdócio tivesse se mantido fiel, estaria fadado ao fim. O verdadeiro Sumo Sacerdote, Cristo, o único mediador entre Deus e os homens, estava prestes a se manifestar.

João Batista era filho de Zacarias, um sacerdote, e de Isabel, ambos da descendência de Arão, o primeiro sacerdote (Lc 1:5-7). Se fôssemos pensar na ordem levítica, apenas Zacarias deveria estar na tarefa sacerdotal e João Batista seria um sacerdote no templo. Há quem defenda que João estaria na sucessão do sumo-sacerdócio; não tenho essa certeza, mas, uma coisa é fato: diante de toda corrupção templo-Roma, encontramos João Batista no deserto, e a palavra de Deus estava com ele, não no templo. Como um prenúncio do reino, os arrependidos não deveriam ir ao templo oferecer um sacrifício pelo pecado, mas eram batizados para uma nova vida. O reino dos céus estava entrando na existência humana. O tempo da religião do templo dava lugar ao evangelho do reino.

Passamos agora, por fim, a descrever outros personagens e instituições do período romano que são importantes para nossa compreensão.

Os herodianos: um pequeno grupo de judeus influentes pertencentes à aristocracia dos saduceus. Davam apoio à dinastia de Herodes e ao governo romano e eram obviamente opostos aos fariseus, assim como os saduceus.

Os zelotes: eram revolucionários que se dedicavam a derrubar Roma. Não pagavam impostos e consideravam a lealdade a César um pecado. Iniciaram várias revoltas, inclusive a do ano 70 d.C. que culminou na destruição de Jerusalém. Alguns eruditos os identificam como "sicários" (assassinos). Os sicários carregavam adagas escondidas e atacavam soldados romanos que estivessem sozinhos, como um ato de guerrilha. Simão, o Zelote, foi um dos chamados para ser discípulo de Cristo.

Os publicanos: eram judeus que cobravam impostos de seus compatriotas para Roma. Eram uma classe pela qual os judeus tinham especial aversão, pois eram tidos como traidores. Os mandatos eram de cinco anos, e havia uma espécie de concorrência pública para se preencher os cargos. Ganhava a concorrência quem oferecesse uma menor porcentagem de administração, ou seja, os que decidissem receber menor comissão de Roma. Mas esse fato não os prejudicava, pois suas cobranças eram sempre superiores ao estipulado; assim, além das comissões, ficavam com tudo que pudessem embolsar ilegalmente, o que os tornava cada vez mais odiados. Mateus, o publicano, foi chamado para ser discípulo (Mt 9:9). Vejam só! Um aliado de Roma lado a lado com Simão, um zelote, que lutava contra Roma. O grupo dos discípulos era um milagre de comunhão logo de saída, mas o mais importante é entender que um discípulo sempre se sente irmão de outro discípulo. Não há mais

70 DIÁLOGOS COM JESUS

romanos nem aquele que luta contra esse império, ambos pertencem a outro reino e são leais a outro Rei. Zaqueu, o publicano, quando se arrepende, decide devolver tudo que havia tirado ilegalmente das pessoas, e Jesus diz: "Hoje houve salvação nesta casa" (Lc 19:8-10). Essa realmente era uma verdadeira conversão.

O Sinédrio: uma corte suprema judaica para assuntos internos que agia sob permissão de Roma. O Sinédrio já figura no período hasmoneu, com momentos de maior e menor importância; foi uma instituição importantíssima para os cristãos no período romano, pois foi o Sinédrio que julgou a Cristo.

Os romanos permitiam aos judeus manusearem muitas de suas próprias questões religiosas e domésticas. Como resultado, existiam numerosos tribunais locais. O superior tribunal dos judeus era o grande Sinédrio, que se reunia diariamente, exceto aos sábados e outros dias santificados, na área do templo. O Sinédrio chegava mesmo a comandar uma força policial. O sumo sacerdote presidia a setenta outros juízes, membros do tribunal, provenientes dos partidos farisaico e saduceu. O Novo Testamento alude ao Sinédrio mediante os termos "concilio", "principais sacerdotes, anciãos e escribas", "principais sacerdotes e autoridades", ou simplesmente "autoridades".[10]

---

[10]Robert H. Gundry, *Panorama do Novo Testamento* (São Paulo: Vida Nova, 2011), p. 57.

O templo: Herodes, o Grande, iniciou uma obra grandiosa de reforma e ampliação do templo reconstruído nos dias de Ciro, o Persa, e depois saqueado e atacado por Antíoco Epifânio no período helenista. Sua obra visava também conquistar a admiração dos judeus. Herodes já sabia de sua importância na economia de seu governo e na manutenção da chamada *Pax Romana*, a paz nos domínios do império. A conclusão da obra, que demorou 46 anos, se deu muito depois da morte de Herodes (Jo 2:20). O templo de Herodes era suntuoso, mas não contava com a admiração de todos os judeus. Se de um lado os apoiadores de Herodes, como os saduceus, beneficiavam-se da estrutura do templo e de sua política com Roma, por outro, os mais conservadores não viam com bons olhos um projeto diferente daquele dado por Deus a Davi, construído por Salomão. Para a manutenção da ordem, Herodes construiu na área do templo a Fortaleza Antônia, um forte que abrigava soldados romanos, algo ainda mais abominável para os judeus mais conservadores: a presença de gentios dominadores no lugar sagrado.

O templo era o lugar em que ainda se falava o hebraico na leitura da lei, onde as festas eram mantidas e ofereciam-se os sacrifícios. Era como uma embaixada, o único território remanescente depois dos exílios assírio e babilônico, depois do fim de Israel e Judá. Era um pedacinho de terra em que o judeu ainda era judeu, embora fosse um território disputado.

Agora que este primeiro capítulo se encerra, espero que você tenha um cenário bem mais claro do que Jesus encontrou como resistência em seus diálogos com os religiosos.

AMOR É COISA DO REINO, NÃO DA RELIGIÃO

CAPÍTULO 2

AO LER OS DIÁLOGOS, DEPARAMOS COM UMA RESISTÊNCIA AO CONCEITO DE MISERICÓRDIA E GRAÇA ENCONTRADOS NO ANTIGO TESTAMENTO. NA LEI DE MOISÉS, o povo compreendia que deveria amar a Deus acima de todas as coisas, o que revelaria o tom do reinado de Deus sobre Israel, ao passo que cada indivíduo manifestaria seu amor ao próximo como a si mesmo. O amor de Deus e por Deus, reconhecidos nas celebrações e na adoração, seria visto nas relações humanas do dia a dia. O amor, a graça e a misericórdia deveriam permear as relações humanas. A palavra misericórdia (*hesed*), muito citada no Antigo Testamento, representa o amor infinito e leal de Deus, sua graça, manifestado ao longo da história e vivido pelo povo em suas relações. Mas tudo indica que os religiosos da época de Jesus estavam longe de manifestar esse amor em suas relações com o povo. Essa falta de amor está presente em praticamente todos os diálogos de Jesus com os religiosos, não apenas neste capítulo.

DIÁLOGO 1
A RELIGIÃO QUE NÃO DEVE OBVIAMENTE NÃO AMA (LC 7:36-50)

[36]Um dos fariseus convidou Jesus para que fosse jantar com ele. Jesus, entrando na casa do fariseu, tomou

74 DIÁLOGOS COM JESUS

lugar à mesa. ³⁷E eis que uma mulher da cidade, pecadora, sabendo que ele estava jantando na casa do fariseu, foi até lá com um frasco feito de alabastro cheio
de perfume. ³⁸E, estando por detrás, aos pés de Jesus,
chorando, molhava-os com as suas lágrimas e os en-
xugava com os próprios cabelos. Ela beijava os pés de
Jesus e os ungia com o perfume. ³⁹Ao ver isto, o fariseu
que o havia convidado disse consigo mesmo: "Se este
fosse profeta, bem saberia quem e que tipo de mulher
é esta que está tocando nele, porque é uma pecadora".
⁴⁰Jesus se dirigiu ao fariseu e lhe disse:

— Simão, tenho uma coisa para lhe dizer.

Ele respondeu:

— Diga, Mestre.

⁴¹Jesus continuou:

— Certo credor tinha dois devedores: um lhe devia quinhentos denários e o outro devia cinquenta. ⁴²E,
como eles não tinham com que pagar, o credor perdoou
a dívida de ambos. Qual deles, portanto, o amará mais?

⁴³Simão respondeu:

— Penso que é aquele a quem mais perdoou.

Jesus disse:

— Você julgou bem.

⁴⁴E, voltando-se para a mulher, Jesus disse a Simão:

— Você está vendo esta mulher? Quando entrei aqui
em sua casa, você não me ofereceu água para lavar os
pés; esta, porém, molhou os meus pés com lágrimas e
os enxugou com os seus cabelos. ⁴⁵Você não me recebeu

AMOR É COISA DO REINO, NÃO DA RELIGIÃO 75

com um beijo na face; ela, porém, desde que entrei, não deixou de me beijar os pés. ⁴⁶Você não ungiu a minha cabeça com óleo, mas esta, com perfume, ungiu os meus pés. ⁴⁷Por isso, afirmo a você que os muitos pecados dela foram perdoados, porque ela muito amou; mas aquele a quem pouco se perdoa, pouco ama. ⁴⁸Então Jesus disse à mulher:

— Os seus pecados estão perdoados.

⁴⁹Os que estavam com ele à mesa começaram a dizer entre si:

— Quem é este que até perdoa pecados?

⁵⁰Mas Jesus disse à mulher:

— A sua fé salvou você; vá em paz.

· · · · · · · · · · · · · · · · ·

Quero iniciar este primeiro diálogo como um preâmbulo da conclusão de minhas afirmações feitas anteriormente sobre a religião como um sistema de crenças e ritos que ocupa o lugar de Deus na vida do ser humano.

Um fariseu chamado Simão convida Jesus para um jantar. Naquela época, esses encontros eram mais do que uma refeição. Geralmente o convidado era um mestre ou um sábio cujos conhecimento e sabedoria seriam ouvidos. Eram um evento especial, e muitos vinham para ouvir o visitante, mesmo não sendo convidados. Quem havia sido convidado tinha assento na mesa, ao passo que as pessoas comuns, não. Mas essas podiam ficar no cômodo, atentas ao que acontecia.

DIÁLOGOS COM JESUS

Uma mulher pecadora, provavelmente uma prostituta, ao saber que Jesus estaria ali, aproxima-se, prostra-se a seus pés e chora. Essa deveria ser a tônica da nossa existência: vivermos prostrados aos pés de Jesus, reconhecer a cada dia nossa imperfeição, nossa condição de réus perdoados no amor e na graça de Cristo. Imagino a magnitude da tristeza dessa mulher. Naquela época, a mendicância era muito comum como modo de subsistência. Mulheres abandonadas ou viúvas eram parte da população pobre. Sem ter uma terra para cultivar, sem trabalho e sem perspectiva, a prostituição era a saída para a sobrevivência. O choro dessa mulher pode resumir toda sua angústia por viver em tal condição, além de sofrer todo um sentimento de culpa pelo pecado, de rejeição por parte de sua comunidade e de não pertencer ao povo escolhido para a salvação.

Há pessoas neste mundo de quem a angústia e a dor são companheiras 24 horas por dia. Gente que chora em sua solidão, que sofre sem ter onde descansar; gente que é gente, que Deus ama e que é invisível para muita gente.

Essa mulher chorava aos pés de Cristo, enxugava-os com seus cabelos, derramava neles o seu perfume. Foi um ato bastante ousado, já que uma mulher não poderia dirigir a palavra a um mestre em público, tampouco tocá-lo — some-se a isso o fato de ela ser uma prostituta! Há outro ponto muito importante: um judeu ou judia jamais se prostraria diante de um simples ser humano, ela, contudo, sabia de alguma forma que estava diante de alguém diferente. Jesus era o Deus verdadeiro, reconciliador e gracioso, e, aos pés dele, ela encontrou amor, perdão e descanso. Essa mulher não era

AMOR É COISA DO REINO, NÃO DA RELIGIÃO

ninguém para a sociedade, todos a desprezavam, inclusive os homens que às escondidas a procuravam para seus prazeres. Mas ela era alguém para Cristo. A religião é o lugar em que os "perfeitos" da terra julgam os devedores. Simão, um fariseu, pensou consigo mesmo que, se Jesus fosse de fato profeta, saberia que a mulher que o tocava era pecadora. A religião não se aproxima dos imundos pecadores, ela se separa deles no alto pedestal de seu julgamento. A religião não é um grupo de pessoas que busca perdidos, é um grupo que julga perdidos, a exemplo de seus líderes. São considerados salvos apenas os que se submetem às punições da religião ou os que contribuem o suficiente para terem seus pecados automaticamente encobertos. O mais interessante é que Simão pensa que Jesus não sabia quem era aquela mulher, por isso se deixava ser tocado por ela. Simão mal sabia que era exatamente por saber quem era aquela mulher que Jesus se deixava ser tocado por ela, e mais, ouso pensar que Jesus aceitou o convite não pelo ensejo de uma refeição, tampouco pela fama de Simão. Creio que Jesus estava ali apenas para salvar aquela pobre mulher. Ele é o bom pastor que vai atrás das ovelhas perdidas.

SABENDO O QUE SE PASSAVA NA MENTE DE SIMÃO (V. 41-43) JESUS LHE PROPÕE UMA QUESTÃO SOBRE O PERDÃO A PARTIR DE UMA PEQUENA HISTÓRIA DE UM CREDOR QUE PERDOA DOIS DEVEDORES

Fariseus e escribas gostavam de debates, de enigmas sobre a vida, de problemas que dependiam da interpretação correta da lei e que se relacionavam ao comportamento religioso a ser mantido pelo povo. A resposta de Simão foi elogiada por Jesus; Simão estava certo, quem foi mais perdoado deve amar mais. Ele julgou bem, todos naquela sala devem ter concordado com ele. Muito bem, ponto para Simão, o justo.

Na aplicação do texto àquela situação (v. 44-50), Jesus exalta o tratamento da mulher para com ele, comparando as atitudes dela com as de seu anfitrião. Simão se sentia correto e perfeito, melhor do que todos, tão bom e elevado que pensava estar no direito de tratar Jesus, o convidado de honra, como um ser desprezível. Sem água e toalha, sem cumprimento cordial e sem lhe oferecer bálsamo, costumes naturais no tratamento aos convidados, quanto mais ao principal deles, Jesus.

O que Jesus estava dizendo é que essa mulher era a pessoa correta ali. Era uma devedora que amava a Jesus e fora perdoada, por isso ela o amava ainda mais. Já Simão, o correto, não tinha dívida alguma, não precisava de perdão, por isso destratou Jesus desde sua chegada. Agora, todos naquela sala concordariam que Simão era um hipócrita; talvez um dia também tenham sido desprezados por ele. Tirem o ponto de Simão, deem para a pobre mulher.

Religiosos, quando louvam, estão fazendo um favor a Deus; são os "puros" agradando o coração de Deus com sua "perfeição" através de seus cânticos e acumulando pontos para suas "necessidades" espirituais. Já pecadores se prostram e adoram não pelo que podem receber, mas pelo que já receberam: graça. São seres imperfeitos que entenderam a dádiva

AMOR É COISA DO REINO, NÃO DA RELIGIÃO

de serem feitos filhos e se derramam aos pés de seu Senhor. Jesus encerra dizendo à mulher que seus pecados estavam perdoados e que ela agora estava salva.

Não me espantaria se o texto de Lucas nos dissesse que religiosos procuravam às escondidas serviços de prostitutas para seu prazer carnal, mas me espantaria se dissesse que religiosos tratavam prostitutas com o amor de Deus.

DIÁLOGO 2
AI, AI, AI... (MT 23:13-16, 23-27, 29-36)

Os "ais" proferidos por Jesus em seu discurso registrado em Mateus 23 não configuram propriamente um diálogo — antes que alguém me repreenda — mas, sim, uma espécie de monólogo, uma repreensão de Jesus aos escribas e fariseus onde não há réplica, não há conversa, não há uma pergunta nem apresentação de respostas. Porém, não resisti a colocar esse discurso neste livro porque, mesmo que não seja propriamente um "diálogo", é fundamental para o tema.

Nosso irmão Mateus começa relatando o que Jesus ensinava sobre os religiosos aos seus discípulos:

Então Jesus falou às multidões e aos seus discípulos:

— Na cadeira de Moisés se assentaram os escribas e os fariseus. Portanto, façam e observem tudo o que eles disserem a vocês, mas não os imitem em suas obras; porque dizem e não fazem. Atam fardos pesados, difíceis de carregar, e os põem sobre os ombros dos outros, mas eles mesmos nem com o dedo querem movê-los. Praticam todas as suas obras a fim de serem vistos pelos outros; pois alargam os seus filactérios e alongam as franjas de suas capas. Gostam do primeiro lugar nos banquetes e das primeiras cadeiras nas sinagogas, das saudações nas praças e de serem chamados de "mestre". Mas vocês não serão chamados de "mestre", porque um só é Mestre de vocês, e todos vocês são irmãos. Aqui na terra, não chamem ninguém de "pai", porque só um é o Pai de vocês, aquele que está nos céus. Nem queiram ser chamados de "guias", porque um só é o Guia de vocês, o Cristo. Mas o maior entre vocês será o servo de vocês. Quem se exaltar será humilhado; e quem se humilhar será exaltado (Mt 23:1-12).

O texto é autoexplicativo. Jesus alerta sobre o fato de que, no lugar de Moisés, em sua cadeira, se sentaram escribas e fariseus. Não creio que Jesus estivesse lamentando a distorção da lei mosaica pelos escribas e fariseus, apesar de que suas interpretações por vezes tenham feito isso, como percebemos, por exemplo, no Sermão do Monte, no qual Jesus contrasta a lógica da religião com a lógica do reino (Mt 5—7). Nessa passagem, porém, ele destaca o fato de que esses grupos assumiram o papel de legisladores da vida alheia.

Religiosos amam o controle e o comando da vida do povo. O que move o mundo move a religião: homens assenhoreando-se dos outros ao longo dos milênios nas civilizações humanas. Eles fazem o que fazem para serem vistos, honrados e considerados superiores aos meros seres humanos mortais. Naquele tempo, estavam nos primeiros lugares

AMOR É COISA DO REINO, NÃO DA RELIGIÃO 81

nas sinagogas, sempre à frente, alongavam suas franjas e alargavam seus filactérios,[11] um sinal de observação da tradição. Ostentavam sua superioridade, mas não compreendiam que humildade era a marca do verdadeiro servo de Deus. Eram chamados de mestres, guias e pais — e, para quem vive no movimento evangélico brasileiro, nem é preciso tecer uma crítica a esses termos. Acredito que, como eu, você terá um olho no texto e outro na vida, pois esses comportamentos estão muito evidentes entre nós hoje. Passemos ao (quase) diálogo:

. . . .

[13]Ai de vocês, escribas e fariseus, hipócritas, porque vocês fecham o Reino dos Céus diante das pessoas; pois vocês mesmos não entram, nem deixam entrar os que estão entrando!

. . . .

Reino de Deus e ambiente religioso, na maioria das vezes, não são o mesmo lugar. No reino da graça, da justiça, do amor, da paz, da humildade, da generosidade, do acolhimento e do perdão não cabem as manobras político-espirituais dos fariseus e escribas. Temos a tendência de pensar que religião (no sentido mais perverso dessa palavra) e reino são a mesma coisa, mas não são.

---

[11]Trechos da Torá escritos em pedaços pequeninos de pergaminho e colocados em caixinhas de couro, atados a fitas de couro e presos nas mãos, nos ombros e na testa no momento das orações (N. do R.).

A religião sempre se sentirá como a porta de entrada do céu para os fiéis. Com seu conjunto de regras, leis, ritos, padrões e líderes divinos, é ela que chancela a entrada do povo na Terra Prometida. Para a religião, salvação é sinônimo de membresia, ou seja, para se alcançar a salvação, é preciso tornar-se filho da "santa" mãe religião e do "santo" pai sacerdote. Em nosso caso — cristãos protestantes —, esse movimento não é diferente. Pessoas são malditas ou benditas segundo o padrão proposto pela religião. O que os religiosos não percebem é que não são do reino, não o representam, não vivem sob ele, não vão entrar e ainda são obstáculos para que pessoas entrem no reino. Na verdade, são um poder humano e finito à margem do reino de Deus.

....

¹⁴Ai de vocês, escribas e fariseus, hipócritas, porque vocês devoram as casas das viúvas e, para o justificar, fazem longas orações; por isso, vocês sofrerão juízo muito mais severo!

¹⁵Ai de vocês, escribas e fariseus, hipócritas, porque vocês percorrem o mar e a terra para fazer um prosélito; e, uma vez feito, o tornam filho do inferno duas vezes mais do que vocês!

....

Ter uma atitude "espiritual" a fim de se alimentar do fiel que está sob seu cuidado não é coisa dos dias de hoje, é coisa antiga, como a desculpa de fazer longas orações para tirar

AMOR É COISA DO REINO, NÃO DA RELIGIÃO | 83

proveito financeiro de viúvas. Devemos entender que as viúvas eram alvo de especial cuidado segundo a lei de Moisés (Êx 22:22-23). Tiago diz que cuidar delas seria a verdadeira religião (Tg 1:27), e ele lembra que estamos falando de um povo pobre sob o peso dos impostos de Roma e do templo. Com um olho no texto e outro na vida, percebo que esse tipo de abuso em nome da fé, que oprimia aquele povo e continua nos dias de hoje, infelizmente cresce cada vez mais.

Jesus os repreende, pois percorriam mar e terra, não mediam esforços para fazer um prosélito (convertido ao judaísmo) e depois o colocavam em sua fábrica de diabos para o transformarem em mais um filho do inferno. Não quero parecer duro em minhas palavras, até porque não é preciso, Jesus mesmo fez isso. A religião fabrica opressores.

Em minhas sessões de aconselhamentos pastorais, infelizmente, atendo um número incontável de pessoas que foram "lideradas" por um fariseu ou escriba que devorou a casa e a vida delas. Os filhos do inferno se alternam e se multiplicam com técnicas e mais técnicas de comando e dominação, neurolinguística e estratégias de marketing corporativo, lavagem cerebral e promessas de Terra Prometida. Se você foi ou é alvo desse tipo de sistema, corra para o reino.

· · · · · · · · · · · · · · · · ·

¹⁶Ai de vocês, guias cegos, que dizem: "Se alguém jurar pelo santuário, isso não tem importância; mas, se alguém jurar pelo ouro do santuário, fica obrigado pelo

84 DIÁLOGOS COM JESUS

que jurou!" [17]Seus tolos e cegos! Qual é mais importante: o ouro ou o santuário que santifica o ouro? [18]E vocês dizem: "Se alguém jurar pelo altar, isso não tem importância; mas, se alguém jurar pela oferta que está sobre o altar, fica obrigado pelo que jurou." [19]Cegos! Qual é mais importante: a oferta ou o altar que santifica a oferta? [20]Portanto, quem jurar pelo altar jura por ele e por tudo o que está sobre ele. [21]Quem jurar pelo santuário jura por ele e por aquele que nele habita; [22]e quem jurar pelo céu jura pelo trono de Deus e por aquele que está sentado no trono.

· · · · · · · · · · · · · · · ·

Outra vez, o que move o mundo move a religião: o que importa é o ouro e a oferta. Religião é uma grande fonte de lucro, e líderes religiosos têm uma atração especial pelo lucro. Nos juramentos de antigamente, o que se penhorava era o ouro e a prata. Os líderes religiosos mantinham sua palavra e compromissos segundo o peso do gazofilácio. Para aqueles escribas e fariseus, o altar que santificava o ouro e a oferta não representava mais o lugar sagrado da purificação, ou seja, o dinheiro sobre o altar tinha mais valor do que o próprio altar. Hoje não cremos em altares, nem em lugares de purificação a não ser o sangue de Cristo, mas, naquela época, o altar era um lugar santo.

Com um olho no texto e outro na vida, notemos como a religião transfere sua devoção de valores espirituais para valores financeiros com muita rapidez. Nada mudou. Muitos

AMOR É COISA DO REINO, NÃO DA RELIGIÃO **85**

líderes de hoje usam esse texto para dizer ao povo que fora do "prédio-templo", fora do "altar-igreja" não há bênção nem oferta que seja aceitável a Deus — isso não passa de mera manipulação emocional. Religiosos desse calibre continuam a criar lugares "santos" e exclusivos, que afirmam serem os únicos em que o povo pode ser abençoado. Enquanto o povo aguarda sua benção, o ouro e a prata "abençoam" sua liderança. Essa é uma verdade dura de encarar, mas é a mais pura verdade, e o próprio Jesus nos alertou sobre isso.

Nesse caso, Jesus está dizendo que mais valioso do que o ouro e a prata é o movimento generoso em direção ao Senhor. Templo e altar são pedra e concreto, apenas símbolos que não têm poder de liberar virtude ou de santificar coisa alguma. O valor desse ouro não está em seu quilate, mas em seu serviço.

. . . .

23Ai de vocês, escribas e fariseus, hipócritas, porque vocês dão o dízimo da hortelã, do endro e do cominho e desprezam os preceitos mais importantes da Lei: a justiça, a misericórdia e a fé. Mas vocês deviam fazer estas coisas sem omitir aquelas! **24**Guias cegos! Coam um mosquito, mas engolem um camelo!

. . . .

De acordo com Jesus, os escribas e os fariseus eram hipócritas, davam o dízimo das coisas mais simples, mas não cumpriam a vontade de Deus. Para Jesus, coavam o mosquito e engoliam o camelo, isto é, davam muito valor a detalhes insignificantes, mas esqueciam os valores mais importantes que a lei exigia: justiça, misericórdia e fé. Pensando em nossa realidade, é como se os líderes religiosos tivessem escolhido a dedo meia dúzia de pecados, que passaram a nortear o povo em uma luta limitada contra a carne. Enquanto isso, foram tomados por um sentimento religioso reprovável, um orgulho repugnante, que não lhes causa nenhum remorso.

Alguém poderia dizer que, nesse caso, o fariseu e o escriba não eram tão avarentos, pois davam o dízimo, eram fiéis. Eu discordo. É muito fácil dar o dízimo e fazer ofertas para impressionar o povo depois de ter devorado as casas das viúvas. Líderes religiosos gostam de mostrar o tamanho de seus sacrifícios, mas escondem bem de onde tiraram o ouro — ou melhor, de quem tiraram. E tiram muito, muito mais do que dão.

Há também uma discussão nesse texto sobre o fato de Jesus ter revalidado a observância do dízimo. Na minha opinião, continuo acreditando que o dízimo como sacrifício, obrigatoriedade, libertação de maldição e liberação de bênção morreu no Antigo Testamento. Aqui Jesus está apenas fazendo uma denúncia acerca da hipocrisia; mas a questão do dízimo não é assunto para este livro.

·················

[25]Ai de vocês, escribas e fariseus, hipócritas, porque vocês limpam o exterior do copo e do prato, mas estes, por dentro, estão cheios de roubo e de glutonaria!

AMOR É COISA DO REINO, NÃO DA RELIGIÃO   87

²⁶Fariseu cego! Limpe primeiro o interior do copo, para que também o seu exterior fique limpo! ²⁷Ai de vocês, escribas e fariseus, hipócritas, porque vocês são semelhantes aos sepulcros pintados de branco, que, por fora, se mostram belos, mas interiormente estão cheios de ossos de mortos e de toda podridão! ²⁸Assim também vocês, por fora, parecem justos aos olhos dos outros, mas, por dentro, estão cheios de hipocrisia e de maldade.

. . . .

Ladrões, glutões, cegos, mortos, podres, hipócritas e maus. São belos elogios de Jesus a esse tipo de religioso. Agora que você leu as palavras de Jesus, espero que compreenda que não sou um crítico vingativo de líderes religiosos; Jesus foi um crítico muito mais ferrenho ao apontar que essa religião vive de aparências, com excesso de carisma e falta de caráter.

Esses "ais" são uma sentença, uma notícia de juízo, algo parecido com o que nossas mães nos diziam: "você vai ver quando chegarmos em casa!".[12] Quando Jesus diz "ai de vós", ele está dizendo que o destino está traçado, o juízo é certo. Isso demonstra a total reprovação de Cristo e que Deus não aceita esse tipo de comportamento.

Nós também deveríamos colocar esse comportamento denunciado e combatido por Jesus no topo da nossa lista

---

[12]Também encontramos essas repreensões em outros Evangelhos: Mc 12:38-40; Lc 11:37-52; Lc 20:45-47.

de atitudes a serem rejeitadas na luta contra a carne. Um exame constante do nosso coração pode nos ajudar a certificar de que não estamos cedendo à sedução da religião, uma vez que ela se apodera sorrateiramente de nossos mecanismos de interpretação das Escrituras, de nossa prática ministerial, de nossa eclesiologia e se transforma em uma "pseudo-fé". Quando percebemos, está construída a fábrica da opressão.

A religião dos escribas e fariseus tem dominado nossas comunidades, e isso não nos fere, não nos incomoda e não nos causa asco. Jesus repreendeu severamente os fariseus e escribas, mas nós costumamos dizer aos fariseus e escribas de nossos dias: "Espero que vocês mudem"; "A igreja de vocês cresce, então tudo bem..."; ou talvez: "Vocês são uma bênção, apenas precisam consertar umas coisinhas", ou: "Eu sei que vocês têm uns defeitinhos, mas Deus age através de vocês, aleluia". As picaretagens dos escribas e fariseus são tão terríveis quanto nossa capacidade de aceitá-las.

· · · · · · · · · · · · · · · · ·

[29]Ai de vocês, escribas e fariseus, hipócritas, porque vocês edificam os sepulcros dos profetas, enfeitam os túmulos dos justos [30]e dizem: "Se nós tivéssemos vivido nos dias de nossos pais, não teríamos sido seus cúmplices, quando mataram os profetas!" [31]Assim, vocês dão testemunho contra si mesmos de que são filhos dos que mataram os profetas. [32]Portanto, tratem de terminar aquilo que os pais de vocês começaram.

AMOR É COISA DO REINO, NÃO DA RELIGIÃO

[33]Serpentes, raça de víboras! Como esperam escapar da condenação do inferno? [34]Por isso, eis que eu lhes envio profetas, sábios e escribas. A uns vocês matarão e a outros crucificarão; a outros ainda vocês açoitarão nas sinagogas e perseguirão de cidade em cidade; [35]para que recaia sobre vocês todo o sangue justo derramado sobre a terra, desde o sangue do justo Abel até o sangue de Zacarias, filho de Baraquias, a quem vocês mataram entre o santuário e o altar. [36]Em verdade lhes digo que todas estas coisas hão de vir sobre a presente geração.

. . . .

Escribas e fariseus matam profetas. Eles vão terminar aquilo que começaram na Antiguidade. Fique atento ao tipo de líder religioso que aceita como profecia apenas três coisas:

1. o que ele diz;
2. o que é dito a favor dele;
3. o que é dito a favor do que ele diz.

Grande parte da violência promovida pela religião no mundo parte desse campo de disputa por poder, dessa avareza e desse pressuposto autoritativo religioso, provenientes desse espírito que ocupa a cadeira de Moisés. A violência da religião será tratada em outro capítulo, mas vale mencionar que onde poder, dinheiro e influência são a finalidade da fé, trata-se, então, do *fim da fé*. O mal é a ausência de Deus, por isso a religião é um terreno tão fértil para o mal.

É importante frisar novamente: o que move o mundo move também a religião. Os mesmos mecanismos de opressão e domínio, a mesma sede por riqueza, poder, influência e controle, os mesmos dragões que aqui gorjeavam também gorjeiam por lá. Creio que você começa a compreender por que Jesus foi tão veemente e incisivo contra os religiosos. O fato é que Cristo é Deus, e tudo que é contra Cristo é contra Deus. Parece óbvio, uma repetição desnecessária, mas não é. Creio que você já enfrentou inúmeras atitudes religiosas contrárias a Cristo, mas justificadas pelos religiosos com textos da Bíblia — é quase como se a Bíblia pudesse se aliar a Satanás em oposição a Cristo.

Judas Iscariotes, um homem cheio de Satanás, é o tipo de homem que sacerdotes aceitam em seu meio. Judas foi se entender com os sacerdotes, e eles se dera muito bem:

> Ora, Satanás entrou em Judas, chamado Iscariotes, que era um dos doze. Judas foi entender-se com os principais sacerdotes e os capitães sobre como lhes entregaria Jesus. Eles se alegraram e combinaram em lhe dar dinheiro. Judas concordou e buscava uma boa ocasião para lhes entregar Jesus, longe da multidão (Lc 22:3-6).

Quando um homem quer trocar Cristo por moedas, basta procurar um "sacerdote". Olhando para o texto e olhando para a vida, percebo que Judas e os sacerdotes foram feitos um para o outro. Líderes que têm moedas procuram homens que querem moedas para, juntos, tirarem Cristo do caminho.

AMOR É COISA DO REINO, NÃO DA RELIGIÃO

Um líder religioso desse tipo nos dias atuais costuma chamar de Judas um outro religioso que lhe deu um golpe roubando parte de seus seguidores ou parte de sua loja de produtos da fé, quando, na verdade, ambos desejam moedas. Como o espírito de Judas é contrário a Cristo, no trecho que acabamos de ler, vemos Judas dialogando com pessoas exatamente iguais a ele.

OS DIÁLOGOS DO TEMPLO

CAPÍTULO 3

VEREMOS NESTE CAPÍTULO QUATRO DIÁLOGOS QUE JESUS TEVE COM OS RELIGIOSOS NO TEMPLO. PROVAVELMENTE ESSAS CONVERSAS ACONTECERAM DOIS OU três dias antes de sua crucificação.

Saduceus, fariseus, escribas, sacerdotes, anciãos e herodianos se unem para colocar Jesus à prova. Esses grupos eram opostos entre si, mas tinham um inimigo comum — Cristo.

Em uma perspectiva mais mercantilista, a religião é um negócio lucrativo, é preciso preservá-la. É preciso garantir sua perpetuação, principalmente se existirem sucessores familiares, como era o caso de Anás e Caifás, sogro e genro na sucessão do sumo sacerdócio. Ainda hoje é possível enxergar essa guerra da religião institucional contra o movimento da liberdade do reino, gente que se opõe à simplicidade do evangelho a fim de perpetuar a casta que controlará o povo sob o cetro da religião.

Quando olhamos para a hipocrisia dos homens na terra, suas injustiças, falta de amor, ódio e maldade, imaginamos que a religião poderia ser um contexto de pessoas que agem de forma oposta; nos espantamos, todavia, ao ler estes diálogos, percebendo que esse não é o caso. A religião atua a partir da lógica da disputa por espaço no mercado da espiritualidade, ela usa a mesma lógica do reino dos homens. Já o reino de Deus é qualquer lugar onde o Rei Jesus reina, e as

DIÁLOGOS COM JESUS

características desse reinado são amor, justiça, graça e verdade. Esse reinado não é mediado por uma religião institucionalizada, ele acontece naturalmente no coração daqueles que estão prontos a recebê-lo.

DIÁLOGO 3
A AUTORIDADE DE JESUS (MC 11:27-33)

[27]Então regressaram para Jerusalém. E enquanto Jesus andava pelo templo, os principais sacerdotes, os escribas e os anciãos vieram ao seu encontro e [28]lhe perguntaram:

— Com que autoridade você faz estas coisas? Ou quem lhe deu esta autoridade para fazer isto?

[29]Jesus respondeu:

— Eu vou fazer uma pergunta a vocês. Respondam, e eu lhes direi com que autoridade faço estas coisas. [30]O batismo de João era do céu ou dos homens? Respondam!

[31]E eles discutiam entre si: Se dissermos: "Do céu", ele dirá: "Então por que não acreditaram nele?" [32]Se, porém, dissermos: "Dos homens", é de temer o povo.

Porque todos pensavam que João era realmente um profeta. [33]Então responderam a Jesus:

— Não sabemos.

E Jesus, por sua vez, lhes disse:

— Então eu também não lhes digo com que autoridade faço estas coisas.

. . . .

Vamos nos situar na história. Jesus entra em Jerusalém e é recebido com festa. Sua fama corre desde a Galileia por toda a terra, e, ao entrar na Cidade Santa, é recebido com o cântico de Salmos 118:25-26:

> Oh! Salva-nos, SENHOR, nós te pedimos; oh! SENHOR, concede-nos prosperidade! Bendito o que vem em nome do SENHOR. Da Casa do SENHOR, nós os abençoamos.

O povo cantava como quem canta para a chegada do Messias. Ali estava a adoração para a celebração do momento em que aquele que viria em nome do Senhor entraria em Jerusalém como rei. Nenhum sacerdote — nem mesmo o sumo sacerdote — jamais fora recebido dessa forma, e jamais seriam; essa é a prerrogativa do Messias. É verdade também que os líderes religiosos esperavam um Messias diferente daquele montado em um jumentinho. No entanto, Jesus era o Messias, e isso era incompreendido e inadmitido pelos líderes religiosos daqueles dias. Para um líder religioso mergulhado em sua psicopatia espiritual, é terrível ver a glória sendo dada a Deus, e não a ele.

Logo depois da entrada em Jerusalém, Marcos nos relata que Jesus expulsa os vendedores de pombas para o sacrifício e derruba as mesas dos cambistas que faziam a troca das moedas romanas e gregas pela moeda do templo (Mc 11:12-19). A dracma grega e o denário romano não podiam circular no templo, pois tinham a efígie de imperadores, os quais eram retratados nesses objetos como se fossem divindades. Por isso, o siclo, uma moeda sem essa marca, foi adotada como

96 DIÁLOGOS COM JESUS

a única aceita no templo. Cambistas faziam a troca das moedas segundo um valor de câmbio pré-estabelecido, muito semelhante ao que bancos e casas de câmbio fazem hoje. Jesus mexeu com o bolso da religião e também com o seu lugar mais sagrado: o caixa.

Jesus vira o pátio do templo de pernas para o ar e, em sua boca, ecoa a voz dos profetas:

> Será que este templo que se chama pelo meu nome é um covil de salteadores aos olhos de vocês? Eis que eu, eu mesmo, vi isso, diz o SENHOR (Jr 7:11).

> Aos estrangeiros que se aproximam do SENHOR, para o servir e para amar o nome do SENHOR, sendo deste modo servos dele, sim, todos os que guardam o sábado, não o profanando, e abraçam a minha aliança, também os levarei ao meu santo monte e lhes darei alegria na minha Casa de Oração. Os seus holocaustos e os seus sacrifícios serão aceitos no meu altar, porque a minha casa será chamada 'Casa de Oração' para todos os povos (Is 56:6,7).

A boca de Jesus aplicava as palavras de juízo dos profetas àquela geração religiosa. A palavra tão preservada pelos escribas e fariseus, tão lida e respeitada nas sinagogas e no templo, dessa vez fazia o papel de uma espada no ventre daqueles líderes.

Agora é possível entender por que e sob quais circunstâncias esse diálogo aconteceu. Um grupo formado por escribas, principais sacerdotes e anciãos, quer saber de Jesus com qual autoridade ele faz essas coisas. É difícil, na mente de um religioso, ser ventilada a ideia de que a autoridade de Deus não é posse exclusiva dele. É difícil um religioso admitir que a autoridade de Deus possa fluir fora de seu conjunto de ritos, fora de suas cerimônias e fora de seu sistema de contenção de poder. Isso acontece também nos dias de hoje, com líderes que se dizem portadores de uma "cobertura" espiritual e detentores de uma autoridade que é liberada apenas para aqueles sobre quem eles têm domínio. Esses homens da religião se sentem na posição de lançar bênçãos e maldições ao seu bel-prazer e que têm carta branca de Deus para isso. Absurdo, mas real.

Autoridade existe somente na Trindade. Poder habita somente em Deus. Todo o exercício dos dons e dos serviços no meio do povo de Deus se dá sob a égide do amor e da graça. Pastores e líderes não são donos do rebanho, apenas cuidam de um rebanho que pertence ao Senhor. A autoridade do pastor é delegada e se manifesta apenas em atitudes de amor, graça, cuidado e socorro, tudo isso na liberdade dos filhos de Deus:

> pastoreiem o rebanho de Deus que há entre vocês, não por obrigação, mas espontaneamente, como Deus quer; não por ganância, mas de boa vontade; não como dominadores dos que lhes foram confiados, mas sendo exemplos para o rebanho. E, quando o Supremo Pastor se manifestar, vocês receberão a coroa da glória, que nunca perde o seu brilho (1Pe 5:2-4).

98 DIÁLOGOS COM JESUS

Esses religiosos não precisariam perguntar a Jesus de onde vinha a sua autoridade se soubessem discernir que diante deles estava a autoridade em pessoa. Jesus é a autoridade, todo poder lhe foi dado nos céus e na terra (Mt 28:18). Jesus responde à pergunta com outra pergunta. De fato, Jesus sempre respondeu o que os religiosos precisavam ouvir, sempre explicou o que não entendiam, nunca o que desejavam ouvir. De onde era o batismo de João? Do céu ou dos homens? Se desejavam encurralar Jesus em uma pergunta, acabavam de ser encurralados em uma questão que não poderiam responder. Não poderiam dizer que o batismo de João era do céu, pois João foi a pedra na engrenagem do sistema econômico templo-Herodes-sacerdócio, e Jesus lançaria a pergunta de por que então não creram nele. E, se dissessem que o batismo de João era dos homens, o povo se levantaria contra eles, pois considerava João um verdadeiro profeta.

Veja, o religioso não se dá bem com a verdade. Religião dos homens e verdade de Deus são como água e óleo: não se misturam. Como deve ser triste a vida de quem precisa pensar para driblar a verdade quando vai dizer algo. Como é miserável e pobre a liderança que precisa satisfazer o povo com palavras falsas, pregando distorções da verdade para perpetuar sua posição de domínio. A resposta desse grupo obviamente foi o silêncio precedido de uma confissão de completa ignorância: "Não sabemos se o batismo de João era do céu ou dos homens". A resposta de Jesus é sensacional: "Empatamos! Eu também não lhes direi com que autoridade faço essas coisas".

Para quem não discerne o reino e sua liberdade, tampouco deseja o Rei e sua autoridade, nenhuma resposta jamais será capaz de demovê-lo de seu pedestal de orgulho, domínio e ganância. O religioso não quer conhecer a autoridade verdadeira do reino; ele já criou seu império, onde reina com sua autoridade adquirida no balcão de negócios da fé.

DIÁLOGO 4
O TRIBUTO A CÉSAR (MC 12:13-17)

[13]E enviaram a Jesus alguns dos fariseus e dos herodianos, para que o apanhassem em alguma palavra. [14]Chegando, disseram-lhe:

— Mestre, sabemos que o senhor é verdadeiro e não se importa com a opinião dos outros, porque não olha a aparência das pessoas, mas, segundo a verdade, ensina o caminho de Deus; é lícito pagar imposto a César ou não? Devemos ou não devemos pagar?

[15]Mas Jesus, percebendo a hipocrisia deles, respondeu:

— Por que vocês estão me pondo à prova? Tragam-me um denário para que eu o veja.

[16]Eles trouxeram. E Jesus lhes perguntou:

— De quem é esta figura e esta inscrição?

Eles responderam:

— De César.

[17]Então Jesus disse:

100 DIÁLOGOS COM JESUS

— Deem a César o que é de César e a Deus o que
é de Deus.

E muito se admiraram dele.

....

Esse diálogo é o segundo promovido pelos religiosos no
templo a fim de flagrar Jesus em alguma contradição. Co-
mandados pelos sacerdotes, estavam juntos agora os herodianos e os fariseus, unidos por um objetivo comum: tirar
Jesus do caminho. A conversa, obviamente, gira em torno do dinheiro. De-
ve-se ou não dar o imposto a César? Impostos pagos a dominadores tinham, além do aspecto financeiro negativo, o
lado vergonhoso para o povo de se perceber dominado, e
isso, para Israel, a nação escolhida, era o fim. Nesse diálogo,
obviamente os herodianos e os fariseus esperavam apenas as
duas únicas respostas possíveis: sim ou não. Se Jesus dissesse
"sim", seria tido como apoiador de Roma; se negasse o pagamento, seria subversivo ao governo. A pergunta é feita por
herodianos, favoráveis ao imposto, e por fariseus, em essência contrários a Roma, mas, nesse momento, pouco impor-
tavam as ideologias de ambos. Vale destacar que ideologias
plantadas dentro dos muros da religião têm poucas raízes,
elas sempre são um apoio para a manutenção de uma situação; quando não servem mais, rapidamente são trocadas.
Isso não é diferente de hoje, em que religiosos comercializam
sua adesão ou não a "Roma" de acordo com a contraparti-
da oferecida. O que importava era a remoção do empecilho

comum, que afetava a condição de cada um. Jesus era uma ameaça. Para o herodiano, a libertação do povo seria o fim das regalias de Roma e, para o fariseu, um libertador que não fosse de seu partido significaria concorrência no domínio sobre o povo.

Fariseus e herodianos, apesar de opostos na afeição a César, são iguais no principal aspecto: ambos lutam pelo seu próprio quintal. Essa é a religião dos religiosos, a obtenção de vantagens. Ambos, fariseus e herodianos, eram judeus, do povo de Deus. Eles aguardavam o Messias que traria o reino eterno e, ao mesmo tempo, estavam ali, diante do próprio Messias, mas isso não lhes era claro. Religiosos não conseguem ver nada além de seus interesses. Lembre-se: a religião não precisa de deus algum para funcionar; de fato, é melhor para a religião que não exista deus algum, nenhum soberano e nenhum senhor que ameace seu domínio.

O imposto não era o problema, a pergunta era apenas um motivo para acusar Jesus. Se o imposto vai para Roma, os apoiadores do império são agraciados; se o imposto fica nas mãos do povo, a religião se incumbe de apropriar-se dele. No fim, para a religião, tudo se encaixa.

Mas a resposta de Jesus não foi o que imaginavam ouvir. Estavam diante do Senhor da sabedoria, o Senhor do conhecimento, o Senhor das palavras; estavam diante da própria Palavra em carne. Eram pobres diabos infelizes e miseráveis. Nessa cena, eram meninos de recados dos saduceus e dos principais sacerdotes; meros mortais, finitos e insignificantes. Eram matéria que se corrompe com os anos e se decompõe

102 DIÁLOGOS COM JESUS

e apodrece embaixo da terra. Vida que não é vida, gente que acaba, gente que morre. Pecadores, distantes de Deus, fadados à morte eterna. O ser humano não é nada. Mas os fariseus e herodianos, cheios de ignorância e petulância, pensavam que estavam colocando Cristo contra a parede. Eis a ignorância no seu mais alto grau. A resposta lhes desceu goela abaixo e os deixou mudos. Não tinham réplica para a revelação do reino de Deus. Estavam preparados para o sim e para o não, mas não para o reino.

Algo importante a se destacar, é que religiosos sempre têm moedas. Jesus pergunta: "Vocês têm uma moeda aí?". Eles deveriam ter siclos, afinal essa era a moeda corrente do templo. Eles deveriam ter moedas sem inscrições, e sem a efígie de César, mas ao contrário disso, tinham moedas romanas no bolso. Quem paga taxa de câmbio sempre é o povo, e esse dinheiro era administrado pelos religiosos. O fato de os fariseus terem essas moedas mostra que os religiosos nunca se preocupam se o imposto é devido ou não, eles sempre têm moedas de sobra.

Outro ponto evidente aqui é que esses religiosos dos dias de Jesus não conheciam a Deus. Jesus disse que honravam a Deus com os lábios, mas seu coração estava distante dele (Mt 15:8; Mc 7:6). Religiosos não conhecem a palavra de Deus nem o seu poder (Mt 22:29). Conhecem apenas sua política de sucessão suja e o poder adquirido de Roma por corrupção.

Para os saduceus e herodianos, Roma era a concretização, pelo menos naquele momento, ainda que de forma parcial, do sonho de poder. Ficariam satisfeitos se conseguissem um lugar embaixo das sandálias de César. Religiosos têm uma atração especial pelo poder político e por políticos; têm um caso de amor e paixão que alterna entre viver na subserviência conveniente ou ser o profeta a tiracolo do mandatário. E o povo, por consequência, tem uma especial atração por religiosos que estão abraçados à Roma. O povo retroalimenta o sonho dos líderes quando os reconhece como ungidos que se sentam à mesa de César. Incapacidade, insegurança e vaidade formam o caráter dos religiosos. Por isso o poder, o dinheiro e a bajulação lhes são tão preciosos.

Jesus, do alto de sua majestade, responde: "Deem a César o que é de César e a Deus o que é de Deus". Vocês estão dando a César a adoração que poderiam dar somente a Deus, e estão dando a Deus o lixo das moedas que deveriam dar a César. Impostos a Roma e ao templo são migalhas diante do Rei e riquezas diante dos miseráveis. É como se Jesus dissesse: "Convertam-se!". Sejam servos verdadeiros no serviço a Deus. Cumpram seu papel como povo de Deus, amem a misericórdia, pratiquem a justiça e andem humildemente diante do seu Deus (Mq 6:8).

Quando será que o mundo vai deixar de nos ver como uma religião, no pior sentido da palavra, e vai nos enxergar como embaixadores de um reino singular (2Co 5:20)? Religiosos, de forma geral, disputam as moedas de César, amam sua cadeira e sonham em ter sua caneta e poder. O nome "César", aqui, não tem a ver com uma pessoa em particular, um governante, mas com uma posição política superior.

104 DIÁLOGOS COM JESUS

Religiosos não compreendem que foram chamados para entregar a Deus o que é de Deus e que os valores do reino são eternamente maiores dos que as moedas de César. Religiosos vivem no reino terreno, amam os resultados terrenos e dão testemunho de suas conquistas terrenas, pois as coisas terrenas lhes são inerentes, e não as eternas. São cachorrinhos que comem das migalhas da mesa de seus "senhores terrenos". Nunca entenderão o reino.

Permita-me abordar algo importante, que, apesar de não fazer parte diretamente desse diálogo, é um pressuposto importante para todo este livro: César quer ter o poder do sacerdote, e o sacerdote quer ter o poder de César. O político gostaria de ter o acesso ao sobrenatural e o poder de dominar pessoas, predizer o futuro, derramar bênçãos e liberar maldições. Ele desejaria agregar ao seu poder político uma autoridade sobrenatural, ser o líder dos líderes. O político quer ser visto como um representante divino, um humano acima dos humanos, um semideus, reconhecido, venerado e amado por todos como um ente essencial, fundamental para a vida humana, um mediador entre deus e os homens. Por isso César era merecedor do culto ao imperador e era chamado de Augusto, o "venerável", o pontífice máximo, o filho do divino (em latim: *divi filius*).

Já o sacerdote sonha em ser César, ter o poder da força, decretar mudanças, honrar ou punir na força da sua lei. O sacerdote quer agregar ao seu comando religioso uma autoridade terrena para impor sua vontade. Se César quer a unção, o milagre e o sobrenatural do sacerdócio, o sacerdote

OS DIÁLOGOS DO TEMPLO **105**

sonha em ter o trono, a caneta, o exército e o orçamento de César. Não é à toa que política e a religião se dão tão bem. Mas é surpreendente que a religião não se relaciona tão bem com o próprio Cristo. João nos diz que muitos poderosos de sua época creram em Jesus, mas não queriam assumir os riscos que isso poderia trazer à sua reputação:

E, embora tivesse feito tantos sinais na presença deles, não creram nele, para se cumprir a palavra do profeta Isaías, que diz: "Senhor, quem creu em nossa pregação? E a quem foi revelado o braço do Senhor? Por isso, não podiam crer, porque Isaías disse ainda: "Cegou os olhos deles e endureceu-lhes o coração, para que não vejam com os olhos, nem entendam com o coração, e se convertam, e sejam por mim curados." Isaías disse isso porque viu a glória dele e falou a respeito dele. No entanto, muitos dentre as próprias autoridades creram em Jesus, mas, por causa dos fariseus, não o confessavam, para não serem expulsos da sinagoga. **Porque amaram mais a glória dos homens do que a glória de Deus** (Jo 12:37-43).

Quando o desejo do homem não é pelo reino de Deus, esse desejo passa a ser para o homem o seu castigo. É isso que querem? É isso que terão. Deus endurece o coração e cega os olhos para que se acabem em seu próprio desejo, com seu próprio deus. Esses fatos nos fazem pensar se os maiores incrédulos não estariam exatamente nas castas de domínio religioso. Talvez sim.

DIÁLOGOS COM JESUS

A religião, como qualquer atividade, independentemente da ética aplicada, é mercantil. No mundo do mercado, toda atividade precisa ser lucrativa e não apenas sustentável. As relações no chão da vida desse mundo decaído são relações de interesses — salvo em ambientes nos quais a ética do reino opera. Cabe a nós escolher se desenvolveremos nossa espiritualidade na lógica da graça ou na lógica da Queda.

DIÁLOGO 5
OS SADUCEUS E A RESSURREIÇÃO (MC 12:18-27)

[18]Então alguns saduceus, que dizem não haver ressurreição, aproximaram-se de Jesus e lhe perguntaram:

[19]— Mestre, Moisés nos deixou escrito que, se um homem morrer e deixar mulher sem filhos, o irmão desse homem deve casar com a viúva e gerar descendentes para o falecido. [20]Havia sete irmãos. O primeiro casou e morreu sem deixar filhos; [21]o segundo casou com a viúva e morreu, também sem deixar descendência; e o terceiro, da mesma forma. [22]E, assim, os sete não deixaram descendência. Por fim, depois de todos, morreu também a mulher. [23]Na ressurreição, quando eles ressuscitarem, de qual deles ela será a esposa? Porque os sete casaram com ela.

[24]Jesus respondeu:

— Será que o erro de vocês não está no fato de não conhecerem as Escrituras nem o poder de Deus? [25]Pois, quando ressuscitarem dentre os mortos, nem casarão, nem se darão em casamento, mas serão como os anjos nos céus. ²⁶Quanto aos mortos, que eles de fato ressuscitam, vocês nunca leram no Livro de Moisés, no trecho referente à sarça, como Deus lhe falou: "Eu sou o Deus de Abraão, o Deus de Isaque e o Deus de Jacó"? ²⁷Ele não é Deus de mortos, e sim de vivos. Vocês estão completamente enganados.

· · · · · · · · · · · · · · · · ·

Chegamos ao terceiro diálogo de Jesus no templo, em sua última visita àquele lugar. Agora, um grupo de saduceus se aproxima de Jesus para questioná-lo sobre a ressurreição, doutrina na qual eles não acreditavam, diferentemente dos fariseus.

A questão gira em torno da lei do levirato (Dt 25:5-12). De acordo com essa lei, se dois irmãos morassem juntos e o mais velho fosse casado e viesse a morrer, o mais novo se casaria com a cunhada para que a sucessão e a descendência de seu irmão fossem mantidas. Por isso, os saduceus trazem uma situação hipotética na qual sete irmãos se casam com a mesma mulher, morrendo cada um deles sucessivamente e deixando para o mais novo subsequente a responsabilidade do levirato (casamento). Isso tudo para evidenciar um suposto absurdo na crença da ressurreição, onde haveria disputa entre os irmãos pela esposa.

Nesse caso, Jesus responde com classe, superioridade e até mesmo uma gota de desdém. Os sumos sacerdotes faziam parte do grupo dos saduceus, ou seja, os mediadores entre Deus e os homens estavam diante do Mediador entre Deus e os homens. Os religiosos pensam que podem cumprir o papel de Deus, mas Jesus lhes diz que eles nem sequer conhecem as Escrituras nem o poder de Deus, muito menos o poder divino.

Os sacerdotes oficiavam os sacrifícios e mediavam o perdão de Deus. Eram agentes da liberação da graça de Deus sobre o povo, ou seja, o perdão que permitia a Israel uma vida abençoada passava por um ritual realizado pelos sacerdotes. Somente o sumo sacerdote — e somente ele! —tinha a autorização para adentrar o Lugar Santíssimo onde ficava a arca da aliança e, sobre o propiciatório e entre os querubins de ouro, oferecer o sacrifício pela nação toda. Isso acontecia uma vez por ano e era um momento aguardado por toda a nação, a qual esperava que o sacerdote entrasse ali e saísse com a bênção de Deus para todos. Vale lembrar também que a glória de Deus habitava no Lugar Santíssimo e, de certa forma, apenas o sumo sacerdote a alcançava. Quão grande poderia ser o ego de uma pessoa que é a única dentre todos no país a estar na presença de Deus.

Jesus colocava um fim nessa exclusividade e também era o ponto final da religião do templo, dos sacrifícios, da arca, dos sacerdotes, da lei cerimonial, enfim, era o fim de toda essa simbologia, pois tudo se cumpria nele. O verdadeiro sumo sacerdote, o verdadeiro templo, o sacrifício perfeito e definitivo haviam chegado — Jesus. Esse era o momento de todos tirarem seus uniformes, descerem de seus pedestais, entregarem seus cargos e dizerem: "Bendito o que vem em nome do Senhor". Mas a religião jamais faria isso, pois ela deseja manter o povo longe do reino e preso a um cativeiro. Para os sacerdotes, ser acusado de não conhecer as Escrituras nem o poder de Deus é uma afronta sem medida. A lógica do Deus eterno engoliu a pobre hermenêutica da religião: "Se Deus é Deus de vivos e não de mortos, como pode ser ele o Deus de Abraão, Isaque e Jacó, que estão mortos?". O Deus eterno tem seus filhos eternamente vivos e ressurretos em seu reino, o lugar dos mortos pelo pecado que foram ressurretos e vivem pela graça. A religião é o lugar de gente que busca vida e todo dia morre e é sepultada pela ganância dos religiosos.

E Jesus encerra dizendo: "Vocês estão completamente enganados". E eles se vão, sem palavras...

DIÁLOGO 6
O ESCRIBA SÁBIO (MC 12:28-34)

[28]Chegando um dos escribas, que ouviu a discussão entre eles e viu que Jesus tinha dado uma boa resposta, perguntou-lhe:

— Qual é o principal de todos os mandamentos?

[29]Jesus respondeu:

— O principal é: "Escute, ó Israel, o Senhor, nosso Deus, é o único Senhor! [30]Ame o Senhor, seu Deus, de todo o seu coração, de toda a sua alma, de todo o seu entendimento e com toda a sua força." [31]O segundo é: "Ame o seu próximo como você ama a si mesmo." Não há outro mandamento maior do que estes.

110 DIÁLOGOS COM JESUS

[32]Então o escriba disse:

— Muito bem, Mestre! E com verdade o senhor disse que ele é o único, e não há outro além dele, [33]e que amar a Deus de todo o coração e de todo o entendimento e com todas as forças e amar o próximo como a si mesmo é mais do que todos os holocaustos e sacrifícios.

[34]Vendo Jesus que o escriba havia respondido sabiamente, declarou-lhe:

— Você não está longe do Reino de Deus.

E ninguém mais ousava fazer perguntas a Jesus.

. . . .

Esse escriba não nos parece fazer parte da turma que se reuniu para pressionar Jesus. O texto diz que ele observou as discussões e percebeu que Jesus respondeu bem a todas as perguntas.

Como já disse, a palavra "religião" pode significar algo bom ou ruim. Nosso movimento comunitário de ajuntamento, adoração e devoção é lido na sociedade como um fenômeno religioso. Somos religiosos no bom sentido da palavra. Já os religiosos que enfrentaram Jesus representavam um sistema de beneficiamento de uma casta que vem se desenvolvendo por séculos e hoje afasta as pessoas de Deus apesar de falar em nome dele.

Aqui temos um escriba sábio. Ele entendeu que tudo que aprendeu sobre Deus agora se revelava em Cristo, diante de seus olhos. Aparentemente, para ele, Jesus não era uma ameaça à sua fé, mas a razão dela. Para esse escriba, a religião confinadora dos mandamentos não fazia mais sentido diante da liberdade do amor do reino. Por isso, faz uma pergunta sobre o principal mandamento e chega à conclusão da ineficácia de todos eles para uma verdadeira redenção do mundo. Quando esse escriba pergunta qual o principal mandamento, Jesus cita o conhecido *Shemá Israel* (ouça Israel):

> Escute, Israel, o Senhor, nosso Deus, é o único Senhor. Portanto, ame o Senhor, seu Deus, de todo o seu coração, de toda a sua alma e com toda a sua força (Dt 6:4)

E complementa sua resposta com outro trecho importante da Torá:

> Não procure vingança, nem guarde ira contra os filhos do seu povo, mas ame o seu próximo como você ama a si mesmo. Eu sou o Senhor (Lv 19:18)

Esses são textos que nos levam a algumas reflexões:

- Por que fazemos o que fazemos?
- Por que servimos a Deus como servimos?
- Por que nos arrependemos quando pecamos?
- Por que o adoramos?

Não fazemos essas coisas porque Deus nos ordenou por meio de uma lei, mas sim porque ele nos fez filhos por adoção (Ef 1:5) e nos deu o seu Espírito, pelo qual habita em nós. Agora, temos uma nova mentalidade, um novo coração e somos a cada dia transformados à sua imagem, amamos sua vontade e desejamos viver por ela. Dia após dia, apesar de cheios de desejos e vontades pecaminosas, lutamos contra nós mesmos, somos aperfeiçoados dia a dia em seu amor e, em vez de vivermos obrigados por uma lei, cumprimos tudo com liberdade. Ninguém nos obriga, nenhum sacerdote, nenhum fariseu, nenhum escriba ou saduceu, enfim, nenhuma lei. Fomos tirados do cativeiro da lei para a liberdade de filhos de Deus.

A religião precisa de leis e obrigações para controlar pessoas. Lembre-se: é um sistema que opera na base do medo, da culpa e dos benefícios, mas o reino de Deus opera na base do amor. Não fazemos porque somos obrigados, fazemos porque nascemos de novo e somos novas criaturas. Uma obrigação pode levar alguém ao cansaço, e o cansaço pode levar à hipocrisia, a fazer tudo para não ser punido pela lei, embora por dentro permaneça um ser odioso. O amor, não. O amor não se cansa, não desiste, tudo crê, tudo sofre, tudo espera e tudo suporta (1Co 13). Procuramos agir de acordo com nossa nova identidade: novas criaturas.

Os religiosos sempre tentaram confrontar Jesus com a lei, buscando provar que seu messiado era falso e que, na verdade, ele era um infrator. Porém, eles não conheciam as Escrituras, tampouco Deus. O religioso não se importa se alguém está bem ou mal. Seu prazer não está na libertação do oprimido, sua satisfação está no cumprimento da lei que aprisiona.

OS DIÁLOGOS DO TEMPLO 113

Ao final desse diálogo, o escriba se alegra com a resposta de Jesus e declara que verdadeiramente o amor a Deus é o maior dos mandamentos. Para o escriba, veio a resposta que o faria se aproximar do reino: holocaustos e sacrifícios não tinham mais valor. Jesus declara que ele estava mais próximo do reino, calando seus inquiridores.

Muita gente neste mundo sonha com igualdade, amor verdadeiro, paz, justiça, bondade e verdade. Muita gente imagina a vida humana baseada no amor e na justiça. Muita gente guarda dentro si uma chama, uma esperança de que a humanidade viva suas relações em paz, que o homem não carregue o mal e não precise de punições, morte ou juízo. Essas pessoas acreditam em uma utopia, em um mundo perfeito onde a lógica de uma verdadeira irmandade brotaria de dentro para fora dos seres humanos, sem a necessidade de tiranos e dominadores.

A verdade é que essas pessoas não sabem ainda, mas, assim como esse escriba, esperam pelo reino. Talvez ninguém tenha dito a elas que não se trata de uma utopia. Talvez elas ainda não conheçam quem é o Deus para ser amado acima de todas as coisas e conheçam apenas o deus da religião. De toda forma, possuem um sentimento sincero e estão caminhando na direção certa. Não estão longe do reino de Deus.

O TEMPLO E O SÁBADO

CAPÍTULO 4

DEPOIS DE SUA PASSAGEM NO TEMPLO, EM QUE REVIROU O NEGÓCIO DOS SADUCEUS, HÁ UM DIÁLOGO ENTRE JESUS E JUDEUS. NELE, JESUS É INDAGADO SOBRE SUA autoridade, revelando muito sobre o que importa de verdade para os religiosos. Vale lembrar que João não diferencia saduceus de escribas e fariseus ao tratar de partidos religiosos, apenas denominando a todos de judeus.

DIÁLOGO 7
O TEMPLO (JO 2:13-22)

O templo tinha um lugar central na fé do povo de Deus, mas, neste diálogo, Jesus decreta o seu fim. A primeira base da antiga religião estava por ruir. Começa o desmantelamento das quatro principais bases do judaísmo tardio, a religião dominante em Israel na época: o templo, o sábado, o sacerdócio e o sacrifício.

. . . .

[13]Estando próxima a Páscoa dos judeus, Jesus foi para Jerusalém. [14]E encontrou no templo os que vendiam bois, ovelhas e pombas e também os cambistas assentados.

116 DIÁLOGOS COM JESUS

[15]Tendo feito um chicote de cordas, expulsou todos do templo, com as ovelhas e os bois. Derramou o dinheiro dos cambistas pelo chão, virou as mesas [16]e disse aos que vendiam as pombas:

— Tirem estas coisas daqui! Não façam da casa de meu Pai uma casa de negócio.

[17]Os seus discípulos se lembraram que está escrito: "O zelo da tua casa me consumirá."

[18]Então os judeus lhe perguntaram:

— Que sinal você nos mostra para fazer essas coisas?

[19]Jesus lhes respondeu:

— Destruam este santuário, e em três dias eu o levantarei.

[20]Os judeus responderam:

— Este santuário foi edificado em quarenta e seis anos, e você quer levantá-lo em três dias?

[21]Ele, porém, se referia ao santuário do seu corpo. [22]Quando, pois, Jesus ressuscitou dentre os mortos, os discípulos dele se lembraram que ele tinha dito isso e creram na Escritura e na palavra de Jesus.

· · · · · · · · · · · · · · · · ·

Próximo de um dos dias mais importantes do calendário judaico, Jesus vai ao templo e condena justamente a "galinha dos ovos de ouro" dos saduceus. Desde o período helenista, os sacerdotes praticavam a simonia, isto é, o comércio do

O TEMPLO E O SÁBADO **117**

sagrado. Três séculos e meio depois, essa prática já havia se disseminado e ramificado. Como vimos, as dracmas e os denários, uma vez que continham a efígie de imperadores ou deuses eram consideradas impróprias no recinto sagrado, e por isso deveriam ser trocadas por siclos — a moeda oficial do templo — nas mesas dos cambistas.

Esses cambistas pagavam aos sacerdotes uma espécie de comissão pelo serviço e faziam o ágio dos câmbios. O comércio de animais acontecia fora dos muros do templo, mas não demorou muito para que os sacerdotes promovessem uma *joint venture* com os comerciantes, trazendo tudo para o pátio do templo. O pátio era um atalho para mercadores e comerciantes de Jerusalém, que não dariam a volta pelos extensos muros para alcançar o outro lado da cidade. É por isso que, ao narrar o mesmo episódio, Marcos acrescenta o detalhe de que Jesus não permitia que ninguém circulasse pelo templo carregando algum tipo de mercadoria (Mc 11:6).

Além de um atalho para comerciantes, o templo também era um "covil de salteadores", nas palavras do profeta Jeremias (Jr 7:11), as quais Jesus repete com veemência. Essa profecia era conhecida pelos sacerdotes, mas eles nunca a haviam interpretado como se eles próprios fossem os administradores desse covil. Religião e dinheiro é uma mistura altamente explosiva.

Nesse curto diálogo, vemos uma pergunta curiosa da parte dos judeus: "Que sinal você nos mostra para fazer essas coisas?". A pergunta não foi: "Por que você fez essas

118 DIÁLOGOS COM JESUS

coisas?", nem: "Quem o autorizou a fazer essas coisas?", tampouco: "Quem você pensa que é para fazer essas coisas?". É muito interessante a pergunta; na verdade, seria até esperado que não perguntassem nada: poderiam simplesmente ter repreendido Jesus, até mesmo o espancado e o expulsado dali. Esses religiosos, fossem do partido dos saduceus ou até mesmo membros da guarda do Sinédrio, deveriam defender com toda força o direito de manter os seus negócios. Mas, talvez, algo dentro deles dizia que não deveriam conduzir negócios escusos e que, um dia, eles mesmos seriam expulsos:

Todos os que restarem de todas as nações que vieram contra Jerusalém subirão de ano em ano para adorar o Rei, o SENHOR dos Exércitos, e para celebrar a Festa dos Tabernáculos. Se algum dos povos da terra não subir a Jerusalém, para adorar o Rei, o SENHOR dos Exércitos, esse povo ficará sem chuva. Se os egípcios não subirem, nem vierem, ficarão sem chuva; virá sobre eles a praga com que o SENHOR castigará as nações que não subirem para celebrar a Festa dos Tabernáculos. Este será o castigo dos egípcios e o castigo de todas as nações que não subirem para celebrar a Festa dos Tabernáculos. Naquele dia, será gravado nas campainhas dos cavalos: "Santo ao SENHOR", e as panelas do templo do SENHOR serão como as bacias diante do altar; sim, todas as panelas em Jerusalém e em Judá serão santas ao SENHOR dos Exércitos. Todos os que oferecerem sacrifícios usarão essas panelas para cozinhar a carne do sacrifício. **Naquele dia, não haverá**

mais comerciantes no templo do SENHOR dos Exércitos
(Zc 14:16-21).

Talvez esses religiosos acreditassem mesmo na profecia de Zacarias, na qual o Rei citado no versículo 17 apareceria com seus sinais e tiraria os comerciantes do templo. Mesmo assim, pode ser que os religiosos estivessem lucrando bastante e tivessem se valendo de uma oportunidade conferida pelo texto sagrado para continuarem ganhando dinheiro antes do juízo. Afinal, se não houvesse sinal nenhum, poderiam continuar com seus negócios. Suponho que, de fato, esses religiosos tinham consciência de seus crimes e estavam convictos de que seriam punidos. Fato é que, quando Jesus se depara com a religião, a lógica terrena do lucro dá lugar ao reino da justiça.

Com um olho no texto e outro na vida, percebo que nos dias de hoje isso acontece muito. O povo tem uma certa atração por esse tipo de líder, o "salafrário sincero". No meio da barganha dos religiosos com o poder político, há sempre espaço para encaixar um certo tipo de povo que paga para ouvir o que deseja, que procura a religião que lhe satisfaça, que lhe dê um deus agradável, mesmo que custe caro. Vale a pena fazer vistas grossas para um líder religioso desonesto que também faz vistas grossas para a desonestidade e os pecados do povo. Todos fingem que acreditam em Deus, ninguém incomoda ninguém, e o dinheiro satisfaz a todos, a quem prega e a quem paga pela pregação. Mas voltemos ao texto.

120 DIÁLOGOS COM JESUS

Tanto Mateus quanto Marcos relatam essa mesma frase dita por Jesus:

Nós o ouvimos declarar: "Eu destruirei este santuário edificado por mãos humanas e, em três dias, construirei outro, não por mãos humanas." (Mc 14:58)

Este disse: "Posso destruir o santuário de Deus e reconstruí--lo em três dias." (Mt 26:61)

Para o povo, o templo era o local de sua devoção e serviço a Deus, o lugar santo em que Deus habitava e onde graça e misericórdia estavam disponíveis a todos os que criam; ali era o lugar do encontro com o Senhor dos Senhores — o templo era o símbolo de que Deus estava no meio de seu povo. Porém, para os saduceus, o templo era também o centro do comércio. Mas será que não havia ninguém entre os sacerdotes que fosse diferente? Alguém que desejasse genuinamente servir a Deus? Com certeza havia gente sincera entre os saduceus, mas isso não impedia que a lógica mercantilista dos principais líderes prevalecesse. Há sinais de que, entre eles, havia quem esperava a manifestação de Deus, descobrindo, em Jesus, o verdadeiro Cristo. Quando a igreja surgiu, muitos deles passaram a crer, conforme vemos em Atos: "A palavra de Deus crescia, e, em Jerusalém, o número dos discípulos aumentava. Também um grande grupo de sacerdotes obedecia à fé" (At 6:7).

De qualquer forma, o curso da história não mudaria, e aquela estrutura religiosa estava prestes a ruir e dar lugar a uma nova espiritualidade: a vida pela fé em Cristo. Quando Jesus declara que destruiria o templo e em três dias o reconstruiria, falava sobre o seu próprio corpo, isto é, um novo templo, o verdadeiro templo, o verdadeiro lugar de adoração e devoção, o verdadeiro lugar da presença de Deus, o verdadeiro lugar em que encontraríamos graça e perdão. E esse lugar era ele mesmo.

A fé não estaria mais circunscrita a uma série de ritos dentro de um prédio em que Deus habitava, mas sim representaria uma verdadeira vida a partir da atitude de Cristo na cruz. A Palavra se fez carne, ressuscitou e se manifestou como templo, abriu o caminho da nova vida e habita nos homens pelo seu Espírito, fazendo-os templos de sua presença:

> Mas Jesus, dando um forte grito, expirou. E o véu do santuário se rasgou em duas partes, de alto a baixo. O centurião que estava em frente de Jesus, vendo que assim havia expirado, disse: "Verdadeiramente este homem era o Filho de Deus" (Mc 15:37-39).

No Santo dos Santos, ou Lugar Santíssimo, encontrava-se a arca da aliança, que continha o maná, a vara de Arão que floresceu e as tábuas da lei. Sobre a arca ficava o propiciatório, com dois querubins, um de cada lado, tudo moldado em ouro. No propiciatório, era feito o sacrifício anual pelo pecado do povo. Apenas o sumo sacerdote poderia entrar no Santo dos Santos, uma vez por ano, para oferecer esse sacrifício. Lá estava o *Shekinah*, a glória de Deus, sua presença. Um véu espesso, como um feltro grosso, o separava do átrio comum dos sacerdotes. Quando Cristo morre na cruz, esse véu milagrosamente se rasga, a divisão se desfaz, a separação acaba. Isso significa que qualquer um agora poderia entrar no lugar em que a glória de Deus está? Na verdade, não. Isso significa que a glória de Deus não estaria mais circunscrita em um só lugar; Deus passou a habitar em todo aquele que crê. Jesus destruiu o templo na cruz e, em sua ressurreição, o reconstruiu. Os religiosos pensavam em um templo de pedra, mas Jesus falava de uma nova vida, na qual a fé não seria mais a busca de Deus em um templo, mas uma vida toda vivida a partir da presença dele em nós.

Quando, em João 2:13-22, Jesus expulsa os vendedores de pombas e derruba a mesa dos cambistas, dizendo que sua casa não seria um covil de ladrões, ele já dá mostras de que aquele sistema iria ruir. Muitos ainda tentam reavivá-lo e insistem em construir templos, costurar um novo véu, separar pessoas de Deus; insistem em criar um novo sacerdócio, um novo Santo dos Santos, em restabelecer o sacrifício, anulando a obra de Cristo. O que os religiosos daqueles dias não conseguiram, os de hoje ainda se esforçam para fazer.

DIÁLOGO 8
COLHENDO ESPIGAS (MT 12:1-8, TAMBÉM EM MC 2:23-28 E LC 6:1-5)

¹Por aquele tempo, num sábado, Jesus passou pelas searas. Estando os seus discípulos com fome, começaram

a colher espigas e a comer. ²Os fariseus, vendo isso, disseram a Jesus:

— Olhe! Os seus discípulos estão fazendo o que não é lícito fazer num sábado.

³Mas Jesus lhes disse:

— Vocês não leram o que fez Davi quando ele e os seus companheiros tiveram fome? ⁴Como entrou na Casa de Deus, e comeram os pães da proposição, os quais não era lícito comer, nem a ele nem aos que estavam com ele, mas exclusivamente aos sacerdotes? ⁵Ou vocês não leram na Lei que, aos sábados, os sacerdotes no templo profanam o sábado e ficam sem culpa? ⁶Pois eu lhes digo que aqui está quem é maior do que o templo. ⁷Mas, se vocês soubessem que significa: Quero misericórdia, e não sacrifício, não teriam condenado inocentes. ⁸Porque o Filho do Homem é senhor do sábado.

. . . .

O sábado era um dos pilares da religião nos dias de Jesus. Segundo a lei, o sábado deveria ser guardado, pois era o dia do Senhor: como Deus descansara da criação no sétimo dia, assim também o homem deveria descansar e guardar aquele dia para Deus.

Se o templo era o lugar correto para se prestar culto, o sábado era o dia correto para se fazer isso:

Lembre-se do dia de sábado, para o santificar. Seis dias você trabalhará e farás toda a sua obra, mas o sétimo dia é o sábado dedicado ao Senhor, seu Deus. Não faça nenhum trabalho nesse dia, nem você, nem o seu filho, nem a sua filha, nem o seu servo, nem a sua serva, nem o seu animal, nem o estrangeiro das suas portas para dentro. Porque em seis dias o Senhor fez os céus e a terra, o mar e tudo o que neles há e, ao sétimo dia, descansou; por isso o Senhor abençoou o dia de sábado e o santificou (Êx 20:8-11).

O sábado era um dia santificado em que não se trabalhava nem se fazia nenhum tipo de esforço. A tradição rabínica desenvolveu uma interpretação dessa lei, traduzindo de forma simples para o povo o que era proibido fazer em um sábado. Colher era uma das proibições.

A lei cerimonial de Moisés era transitória. Teve dia para começar e para terminar. O apóstolo Paulo, na Epístola aos Gálatas, diz que a lei era um guia até que conhecêssemos Cristo (Gl 3:24-25). Um homem comum pode fazer a coisa certa e obedecer à lei, mas dentro de si carregar um pensamento contrário. É o caso de não cometer homicídio por ser contra a lei, mas viver odiando o próximo. A lei não transforma pessoas, apenas pune o infrator. Cristo não veio propor outra lei, veio trazer o real sentido da vida de Deus para o homem, ou seja, Cristo moldou um novo homem. E esse novo homem não mata porque é contrário à lei, mas porque oferece amor, e não ódio.

Nesse diálogo, vemos um grupo de fariseus mais preocupados com o fato de que Jesus infringiu uma lei (interpretada pela tradição) e menos preocupados em matar a

O TEMPLO E O SÁBADO **125**

fome de quem sofre. Com um olho no texto e outro na vida, percebo que a religião se orgulha de ver pessoas cumprindo seus mandamentos, mesmo que estejam sofrendo, pois sua alegria está no cumprimento do rito, e não no bem-estar do povo. Para a religião, há prazer em ver a lei cumprida, mesmo que a injustiça e a fome estejam presentes.

Jesus responde com o exemplo de Davi (2Sm 21:1-6), que entrou no templo e comeu os pães da proposição, que, por sua vez, apenas poderiam ser comidos pelos sacerdotes. Também lembra que os sacerdotes violam o sábado (Nm 28:9-10) ao oferecerem sacrifícios e que o Filho de Deus é maior do que o templo, além de Senhor do sábado.

Como um religioso poderia confrontar Jesus com a lei se Jesus era a própria lei? Como um religioso poderia usar a palavra de Deus contra Jesus se ele era a palavra em carne? Mais do que sacrifícios, holocaustos e ritos, Deus espera de nós atitudes de misericórdia (Os 6:6). Quando Jesus se apresenta como o Senhor do sábado, ele está dizendo que é o descanso para todos aqueles que vão até ele: "Venham a mim todos vocês os que estão cansados e sobrecarregados, e eu os aliviarei" (Mt 11:28).

DIÁLOGO 9
A CURA NO SÁBADO (LC 13:10-17)

¹⁰Num sábado, Jesus estava ensinando numa das sinagogas. ¹¹E chegou ali uma mulher possuída de um

126 DIÁLOGOS COM JESUS

espírito de enfermidade, havia já dezoito anos; ela andava encurvada, sem poder se endireitar de modo nenhum. [12]Ao vê-la, Jesus a chamou e lhe disse:

— Mulher, você está livre da sua enfermidade.

[13]E, impondo-lhe as mãos, ela imediatamente se endireitou e dava glória a Deus. [14]O chefe da sinagoga, indignado por ver que Jesus curava no sábado, disse à multidão:

— Há seis dias em que se deve trabalhar. Venham nesses dias para serdes curados, e não no sábado.

[15]Porém o Senhor lhe respondeu:

— Hipócritas! Cada um de vocês não desprende da manjedoura, no sábado, o seu boi ou o seu jumento, para levá-lo a beber? [16]Por que motivo não se devia livrar deste cativeiro, em dia de sábado, esta filha de Abraão, a quem Satanás trazia presa há dezoito anos?

[17]Tendo Jesus dito estas palavras, todos os seus adversários ficaram envergonhados. Entretanto, o povo se alegrava por todos os feitos gloriosos que Jesus realizava.

· · · · · · · · · · · · · · · · ·

Curar uma mulher encurvada há dezoito anos em um sábado na sinagoga: esse foi o pecado de Jesus. Jesus conhecia a mente dos homens, o pensamento dos religiosos, as dores e as enfermidades das pessoas sem que dissessem uma única

O TEMPLO E O SÁBADO 127

palavra. Mas então por que Jesus, sabendo de tudo, não foi à casa daquela mulher como foi à casa de Zaqueu (Lc 19:1-10)? Por que não a curou em um dia qualquer da semana? Ao fazer isso, traria a bênção sobre ela e não arrumaria confusão na sinagoga. Mas creio que Jesus queria expor ao público a incoerência daqueles homens.

O chefe da sinagoga se irritou, pois aquela mulher, segundo a lei, poderia vir em qualquer outro dia, menos no sábado. As perguntas latentes aqui são:

Como pode essa mulher ter frequentado a sinagoga por dezoito anos sem que, em nenhum momento, esse líder tenha se preocupado com sua dor? Como pode um homem desprender seu animal para pastar no sábado e não se importar em livrar um ser humano de seu sofrimento?

A conclusão para os dias atuais é que a religião é o melhor sistema já inventado para manter o homem longe de Deus fazendo tudo em nome de Deus. São tantas tarefas, ritos, leis e cerimônias, roupas e dias especiais que acabam por ofuscar o próprio Senhor. A religião propõe uma lista tão grande de comportamentos, atitudes, rezas, ritos, posicionamentos, dedicações, cantos e cerimônias de purificação a fim de salvar o homem que é capaz de viver dezoito anos sem nem se dar conta da dor do próximo.

O sistema religioso não tem lugar para a liberdade e a simplicidade do amor e da graça; nele não cabem Deus, o reino de Deus e o próximo. É bem típico do religioso ter um projeto para derrubar o espírito imundo que assola o continente, fazer o ritual espiritualesco de limpeza dos demônios da nação sem nunca perceber que seu vizinho de porta tem depressão ou passa fome. O religioso é aquele ser capaz de lutar para vencer as potestades do mundo em um espetáculo de batalha espiritual, mas não consegue refrear sua língua, amar seu semelhante nem ter compaixão de seu próximo.

Apenas uma pergunta: O sábado, o dia do descanso, não pode ser usado para dar descanso a uma senhora que está sofrendo há quase duas décadas? Resposta: Não. Para a religião esse absurdo faz sentido.

DIÁLOGO 10
FAZENDO O BEM NO SÁBADO
(MT 12:9-14, TAMBÉM EM MC 3:1-6)

[9]Tendo Jesus saído dali, entrou na sinagoga deles. [10]Achava-se ali um homem que tinha uma das mãos ressequida. Então, a fim de o acusar, perguntaram a Jesus:

— É lícito curar no sábado?

[11]Ao que lhes respondeu:

— Quem de vocês será o homem que, tendo uma ovelha, e, num sábado, esta cair numa cova, não fará todo o esforço para tirá-la dali? [12]Ora, quanto mais vale um homem que uma ovelha! Logo, é lícito nos sábados fazer o bem.

[13]Então Jesus disse ao homem:

— Estenda a mão.

O homem estendeu a mão, e ela foi restaurada e ficou sã como a outra. ¹⁴Mas os fariseus, saindo dali, conspiravam contra ele, procurando ver como o matariam.

....

Para a religião, as ovelhas valem mais do que os homens. Ovelhas podem ser vendidas e compradas, portanto, valem dinheiro e devem ser preservadas. Pessoas são apenas pessoas e têm valor somente se puderem dar lucro, caso contrário, serão sempre descartáveis.

Por isso lemos sobre o fato de que os fariseus conspiravam e estudavam uma maneira de matar Jesus. O reino de Deus é uma ameaça às oligarquias religiosas. Jesus, a verdade nua e crua que os apontava como dominadores, deveria ser transformado em mentira ou destruído a qualquer custo. A religião é violenta em palavras e ações. O templo e o sábado eram instituições intocáveis, e todo o povo era refém do lugar santo no dia santo. Deus estaria apenas naquele lugar e naquele dia à disposição de seu povo. Quebrar esses pilares significava para os religiosos desmontar o seu controle sobre o povo.

Se você hoje se sente controlado dentro de um sistema de ritos, lugares e dias, antes que venha a apresentar sintomas de ansiedade e pânico, lembre-se: você está preso a uma religião. Saia e busque o reino. Procure gente que tem sua fé centrada em Jesus e tem o reino de Deus como paradigma de sua existência.

130 DIÁLOGOS COM JESUS

De novo, vemos o mesmo fato interessante: Jesus entra em uma sinagoga em que havia um homem com uma deficiência em uma das mãos. Nenhum fariseu se condoeu daquele homem, não houve nenhum movimento de compaixão e amor, nenhum sinal de acolhimento ou apoio. O homem da mão ressequida serviu de motivo para uma contenda, algo que os religiosos adoram, pois querem provar que sua prática é correta e a sua conduta, a melhor. A religião é o lugar da mãe de todos os pecados: a vanglória. Essa característica está muito presente nos dias de hoje. As redes sociais são palco de ódio e discussão, agressões e revides, maldições e pragas, tudo em nome de Deus, e todos tentando provar sua assertividade religiosa. Mas Jesus só estava interessado em fazer o bem:

E por isso os judeus perseguiam Jesus, porque fazia essas coisas no sábado. Mas Jesus lhes disse: — Meu Pai trabalha até agora, e eu trabalho também. Por isso, os judeus cada vez mais queriam matá-lo, porque além de desrespeitar o sábado, também dizia que Deus era seu próprio Pai, fazendo-se igual a Deus (Jo 5:16-18).

O sábado era um símbolo do descanso de Deus no sétimo dia, mas Jesus diz: "Meu Pai trabalha até agora, e eu trabalho também". O Filho, que estava com o Pai desde a eternidade e na Criação, e que conhece o Pai porque ele e o Pai são um, está nos dizendo que Deus não parou. Deus não

O TEMPLO E O SÁBADO   131

se cansa, não se fatiga. Deus não é matéria, que se esforça e se desgasta; Deus é espírito. O descanso de Deus carrega o simbolismo de que todo homem precisa de tempo para si e de que o trabalho nos alimenta, mas não pode nos escravizar na ganância de possuir. Em todo tempo, Deus está conosco, não apenas no templo, no sábado, mas no tempo que damos a nós e à nossa vida devocional. A busca particular, ao entrar no quarto e fechar a porta, tem lugar central em nossa espiritualidade. Quando o sábado é uma regra religiosa, somos escravos, mas, quando a lei do amor nos conduz a Deus, estamos ao mesmo tempo presos a ele e plenamente livres.

Defender a fé, saber dar explicações do que cremos e por que cremos faz parte de nosso cotidiano. É plausível que os religiosos desejassem impedir que qualquer um se apresentasse como Filho de Deus ou se fizesse passar como homem de Deus, prejudicando as tradições e a fé do povo. Não conseguimos imaginar que todo o bem, amor e graça, todo o ensinamento de justiça e paz, todo sinal e cura realizada, todas as profecias concretizadas em Jesus pudessem ser motivo para que estudiosos e supostos conhecedores das Escrituras tentassem matar a Jesus.

Como alguém que se diz representante de uma religião pode pensar na morte de alguém diferente de si, mesmo que seja seu inimigo?

> Vocês ouviram o que foi dito: "Ame o seu próximo e odeie o seu inimigo." Eu, porém, lhes digo: amem os seus inimigos

e orem pelos que perseguem vocês, para demonstrarem que são filhos do Pai de vocês, que está nos céus. Porque ele faz o seu sol nascer sobre maus e bons e vir chuvas sobre justos e injustos. Porque, se vocês amam aqueles que os amam, que recompensa terão? Os publicanos também não fazem o mesmo? E, se saudarem somente os seus irmãos, o que é que estão fazendo de mais? Os gentios também não fazem o mesmo? Portanto, sejam perfeitos como é perfeito o Pai de vocês, que está no céu (Mt 5:43-48).

Concluímos que o reino de Deus pertence às pessoas simples e puras de coração, aos crédulos e pacíficos que se aconchegam na misericórdia de Jesus, a quem não se encaixa nos sistemas de reprodução de fiéis, apenas se sente gente de paz.

Eu me converti com 11 anos de idade. Passei minha infância, adolescência e juventude em encontros de jovens, retiros, congressos e cultos. Nunca tive vícios, nunca frequentei lugares "perigosos", nunca tive amizades perigosas. Cresci e vivi dentro da igreja. Alguém poderia me dizer que nunca vi maldade, nunca lutei, nunca enfrentei gente má e que talvez fosse tolo e despreparado para encarar a vida. Eu lhe diria que não é bem assim. Vivi com gente boa, tenho amigos mais chegados que irmãos. Conheci minha esposa nesse ambiente e nele criei meus filhos, mas não cresci livre da maldade nem da hipocrisia. A religião é capaz de ensinar o maior dos males,

O TEMPLO E O SÁBADO

aquele que se fantasia de bem e de Deus para somente deixar sequelas terríveis.

Encerramos este capítulo relembrando que Jesus desmontou duas poderosas colunas daquela religião que se opunha ao reino: o templo e o sábado. Tenha isso em mente.

A RELIGIÃO NÃO ENXERGA O REINO

CAPÍTULO 5

ALGO MUITO IMPORTANTE SE DESTACA NOS DIÁLOGOS DE RELIGIOSOS COM JESUS: A OPOSIÇÃO COMPLETA. QUANDO ESSES RELIGIOSOS DEFENDEM SUA POSIÇÃO, concluímos que a crença desses homens tinha seus olhos voltados para um sistema que deveria ser mantido em oposição ao reino de Deus. A religião enxerga seu sistema, mas não enxerga o reino de Deus, tornando opostos o sistema religioso e o reino de Deus.

DIÁLOGO 11
QUEM PODE PERDOAR PECADOS? (MC 2:1-12)

¹Dias depois, Jesus entrou de novo em Cafarnaum, e logo se ouviu dizer que ele estava em casa. ²Muitos se reuniram ali, a ponto de não haver lugar nem mesmo junto à porta. E Jesus anunciava-lhes a palavra. ³Trouxeram-lhe, então, um paralítico, carregado por quatro homens. ⁴E, não podendo aproximar-se de Jesus, por causa da multidão, removeram o telhado no ponto correspondente ao lugar onde Jesus se encontrava e, pela abertura, desceram o leito em que o paralítico estava deitado. ⁵Vendo-lhes a fé, Jesus disse ao paralítico:

136 DIÁLOGOS COM JESUS

— Filho, os seus pecados estão perdoados. ⁶Alguns escribas estavam sentados ali e pensavam em seu coração: ⁷— Como ele se atreve a falar assim? Isto é blasfêmia! Quem pode perdoar pecados, a não ser um, que é Deus? ⁸E Jesus, percebendo imediatamente em seu espírito que eles assim pensavam, disse-lhes: — Por que vocês estão pensando essas coisas em seu coração? ⁹O que é mais fácil? Dizer ao paralítico: "Os seus pecados estão perdoados", ou dizer: "Levante-se, tome o seu leito e ande"? ¹⁰Mas isto é para que vocês saibam que o Filho do Homem tem autoridade sobre a terra para perdoar pecados.

E disse ao paralítico:

¹¹— Eu digo a você: Levante-se, pegue o seu leito e vá para casa.

¹²Ele se levantou e, no mesmo instante, pegando o leito, retirou-se à vista de todos, a ponto de todos se admirarem e darem glória a Deus, dizendo: — Jamais vimos coisa assim!

. . . .

Gostaria de analisar essa cena para compartilhar aspectos da religião que talvez não estejam expressamente explícitos nessa passagem.

Cafarnaum era a cidade de Jesus, e todos conheciam sua sabedoria, latente em suas palavras e seus feitos. A casa estava lotada e não havia por onde entrar, pois todos queriam

A RELIGIÃO NÃO ENXERGA O REINO **137**

ouvi-lo, ou mesmo ver mais um de seus sinais. Não posso dizer que esse movimento seja de todo errado. Todo ser humano tem necessidade de transcendência, um desejo de se conectar com o que está além de sua existência; não precisa necessariamente ser um deus, mas somos atraídos para algo maior do que nós e que seja capaz de nos dar o que não temos.

Jesus entra naquela casa, naquele dia, primeiramente para mostrar que, de fato, era o Filho de Deus, o próprio Deus em carne capaz de perdoar o ser humano e reconciliá-lo com Deus. Essa revelação em Cafarnaum resume sua obra redentora na terra. Em segundo lugar, ele estava ali para demonstrar, com aquele milagre, que, no seu reino, todos se movem, ninguém será impedido e não haverá doenças.

Os milagres de Jesus são chamados de sinais porque apontam para algo. Um sinal não é a realidade em si, mas algo que indica uma realidade mais adiante. Uma placa de "curva perigosa" é colocada antes de uma curva. A placa de boas-vindas a uma cidade não é colocada dentro, mas na estrada, antes da cidade. Deus faz milagres e nós gostamos de vê-los, mas sabemos que nossa vida um dia acabará, por mais que creiamos em milagres. Nossa realidade eterna não é aqui. Os sinais nos abençoam, mas precisamos entender que nossa cidade está mais adiante. É muito bom, depois de uma viagem cansativa, ver a placa de boas-vindas, mas sabemos que ainda temos uma jornada até o centro, até o hotel, até o quarto.

Muitas pessoas vivem uma vida de busca incansável por milagres e fazem do sinal o único motivo de sua fé. Fazem campanhas de fé para ver sinais e, quando se encontram com o fim inevitável, entram em desespero, como se Deus as tivesse abandonado. Na verdade, não percebem que vivem como se o reino eterno não existisse, como se Deus fosse refém de ritos religiosos. Essas pessoas são seus próprios deuses, pois, ao crerem num deus que faz a sua vontade por meio da fé, estão inadvertidamente anulando a oração do Pai Nosso. Em vez de "seja feita a sua vontade", a oração é "seja feita a minha vontade". A soberania de Deus é trocada pelo desejo humano. Isso parece fé, mas é uma tentativa de controlar a mão de Deus. Nem todos fazem isso por mal, apenas praticam essa fé porque foi o que aprenderam. A distorção da espiritualidade proposta pela religião é muito sutil, pois, no fim das contas, a Palavra de Deus está lá, a Bíblia é citada e até Jesus está lá. Há louvores, orações e igrejas. Mas cada pessoa busca a realização de seus próprios desejos através de Deus.

Em um mundo caótico e sofrido, veremos muitos sinais da graça, muitos milagres e muitas curas, pois a bondade de Deus sempre estará presente. É plausível que andemos na direção de Deus com nossas dores, esperando dele misericórdia e amor, e ele cuidará de nós. No entanto, a religião nos diz de forma sutil que a bondade de Deus também nutre nossa ganância e avareza, pois a religião nos ensina que a ganância e a avareza, na verdade, têm outros nomes: conquista e honra. A religião pinta o pecado de glória e cria um crente esquizofrênico e incrédulo. Essa religião que aprisiona e fanatiza tem suas bases (a) na manutenção da casta sacerdotal; (b) em um conjunto de regras que, quando cumpridas, movem a divindade a favor do homem; e (c) nas promessas de redenção segundo um padrão de bem-estar terreno.

A religião é o contexto em que líderes obtêm tudo o que desejam, prometendo às pessoas tudo o que desejam, desde que cumpram com seus sacrifícios, que alimentam os líderes, e por aí vai.

Já o reino de Deus é o contexto no qual Cristo reina, salva e nos conduz segundo sua boa vontade. Ele se fez sacrifício por nós, por isso o amamos e nos entregamos a ele. Ele nos preparou um reino, e já experimentamos de antemão os seus sinais. Demonstramos, assim, ao mundo que o reino está entre nós e à nossa frente, que somos felizes mesmo em meio às lutas, aguardando a vida eterna.

Aqueles quatro homens estavam mesmo preocupados com seu amigo preso a uma cama. Eles criam mesmo no poder de Jesus, a ponto de fazer tamanho esforço para levá-lo ao interior da casa. E Jesus, em sua infinita bondade e amor, o cura! Antes, no entanto, vem o perdão. Jesus deixa todos atônitos ao voltar-se para o paralítico e declarar-lhe que seus pecados estavam perdoados. Receber o perdão dos pecados é reconciliar-se com Deus. Desde o Éden, estamos separados de Deus pelo pecado, que configura a nossa morte eterna. Um pecador que se arrepende de seus pecados é um pecador salvo, recebido no reino da cruz, no reino da graça. O pecador arrependido foi arrancado da lógica caótica desta existência e agora vive com o Rei e o reino dentro de si. Esse milagre é muito maior do que ser curado e, por isso, Jesus dá àquele paralítico aquilo de mais importante que poderia receber.

Contudo, os escribas pensavam em seu coração que Jesus não poderia perdoar pecados, afinal, era uma prerrogativa de Deus. E aqui está o ponto alto do diálogo: Jesus não queria provar apenas que era poderoso para fazer milagres, queria provar que era Deus para perdoar pecados. A maioria dos pregadores apenas enfatizam o poder para curar, mas não ensinam o principal: o Deus que tem poder de reconciliar não é apenas um atendente do balcão de milagres, é o Senhor de um novo reino, de uma nova vida.

Os escribas nem precisaram externalizar aquilo que os estava incomodando. Jesus já lhes responde com uma pergunta sobre o que seria mais fácil: a cura física ou o perdão de pecados? Se o mais fácil fosse dizer que os pecados estavam perdoados e o mais difícil fosse fazer o paralítico andar, então Jesus fez o mais difícil, pois curou o paralítico para que todos saibam que redimiu a humanidade por graça. Perdão é fácil para o Deus de toda graça e infinito em misericórdia.

Se naquele dia houve alguém que foi ver Jesus apenas atrás de um sinal, essa pessoa saiu satisfeita, afinal ela viu um paralítico andar. Se os escribas foram atrás de um debate, de um confronto com Jesus, conseguiram. Mas se queriam provar uma blasfêmia, saíram derrotados. Se os amigos do paralítico desejavam ver seu amigo curado, voltaram para casa alegres, celebrando aquele que minutos antes precisava ser carregado em uma espécie de maca.

A RELIGIÃO NÃO ENXERGA O REINO **141**

No entanto, creio que aquele paralítico queria algo a mais do que apenas ser curado. Jesus leu o coração dos escribas e, com certeza, leu também o coração do pobre rapaz. É por isso que Jesus dirige-se a ele de forma carinhosa: *Filho, os seus pecados estão perdoados.* Quem foi atrás do perdão e da vida encontrou o Rei e o reino.

DIÁLOGO 12
A RELIGIÃO PEDE UM SINAL DOS CÉUS (MT 16:1-4)

¹Os fariseus e os saduceus se aproximaram de Jesus e, tentando-o, pediram-lhe que lhes mostrasse um sinal vindo do céu. ²Mas Jesus respondeu:

— Chegada a tarde, vocês dizem: "Teremos tempo bom, porque o céu está avermelhado." ³E, pela manhã, vocês dizem: "Hoje teremos tempestade, porque o céu está de um vermelho sombrio." Na verdade, vocês sabem interpretar a aparência do céu. Então como não são capazes de interpretar os sinais dos tempos? ⁴Uma geração perversa e adúltera pede um sinal, mas nenhum sinal lhe será dado, senão o de Jonas.

E, deixando-os, Jesus se retirou.

· · · · · · · · · · · · · · · · ·

Saduceus e fariseus se unem para provar definitivamente que Jesus era mesmo um enviado de Deus ou não. Ao longo da história de Israel e de Judá, muitos homens de Deus tiveram sua autoridade confirmada por sinais vindos dos céus. As

142 DIÁLOGOS COM JESUS

pragas sobre o Egito, bem como a abertura do Mar Vermelho e muitos outros sinais no deserto, testificaram a autoridade de Moisés e confirmaram que ele era um enviado de
Deus (Êx 7—12). Josué, quando se torna sucessor de Moisés,
é confirmado por Deus na queda das muralhas de Jericó (Js
6) e na vitória sobre os reis amorreus. Quando lutava contra
seus inimigos, Josué orou e o sol e a lua pararam até que
ele vencesse a batalha (Js 10:1-15). Elias fez descer fogo dos
céus e venceu o desafio dos profetas de Baal (1Rs 18:1-40).
Na profecia de Isaías, o relógio solar de Acaz retrocedeu dez
graus (Is 38:1-7). Além desses, muitos outros sinais confirmaram que Deus estava de fato com aqueles homens, agindo
em seu poder.

Mas o maior sinal de Cristo não foi nenhum de seus feitos ou curas. Não foi acalmar uma tempestade nem ressuscitar o filho da viúva de Naim, Lázaro ou a filha de Jairo. Foi
enfrentar a morte como todo homem, mas ressuscitar como
só Deus poderia. Por isso Jesus se refere ao sinal de Jonas,
que esteve três dias no ventre de um grande peixe, enquanto
o Filho do Homem estaria três dias no seio da terra.

Para que uma geração perversa e adúltera desejaria um
sinal? Para sair da perversidade e do adultério e se arre-
pender, recebendo o perdão de Deus? Se vissem o sinal, se
arrependeriam diante de Cristo? Nos últimos anos, no meu
ministério, tenho despertado como nunca para os males
causados pela religião que se opõe ao evangelho. Não sei
se é impressão minha, mas os ambientes que mais se orgu-
lham dos sinais sobrenaturais e mais testemunham poderes

milagrosos são os de mais perversidade, maldade, corrupção e adultério. Não estou dizendo que pecados não existam em todos os lugares, mas percebo que, no meio de gente que busca arrependimento e perdão, encontro mais o reino.

A religião adora coisas sobrenaturais e inexplicáveis, que são mesmo fascinantes. Presenciar a cena de um paralítico que se levanta, de um cego que passa a ver ou de um morto que ressuscita é marcante. Mas sabemos que, assim como os sacerdotes de Faraó conseguiram reproduzir alguns sinais de Moisés (Êx 7:8-13), muitas vezes os poderes das trevas também realizam milagres. Isso é fato. A diferença é que os sinais do reino apontam para Cristo.

A religião sabe que, no fim das contas, sinais atraem pessoas e confirmam a autoridade, e é isso que importa. Talvez seja por isso que grande parte do evangelicalismo brasileiro divulga encontros para alcançar o bem-estar e a prosperidade, além de testemunhar milagres. A multidão que deseja resultados é muito maior do que os que buscam o perdão de seus pecados. Não quero dizer que nossas petições e anseios não sejam legítimos, tampouco que não devamos levá-los a Deus em nossas orações. Porém, o número de pessoas que querem a sua vontade realizada e não aceitam que ninguém lhes diga que são pecadoras é muito maior do que as que querem a vontade de Deus em detrimento da sua e que buscam o perdão de seus pecados.

Com um olho no texto e outro na vida, entendo o porquê de a religião optar pelo mercado da fé: o perdão é dádiva, é graça; já o milagre pode ser vendido e gerar lucro. Por uma

144 DIÁLOGOS COM JESUS

questão lógica, o mercado da religião vai sempre preferir movimentar o comércio da fé em vez de oferecer a liberdade da graça. Até porque uma pessoa que recebe uma bênção vai precisar de outra amanhã, nunca estará satisfeita, e a religião sempre terá seu sustento. Por outro lado, quem procura a graça, além de não precisar pagar, vive satisfeita no reino, mesmo que o mundo esteja em ruínas. O reino é comunitário, a religião é clientelista:

Visto que aumentavam as multidões em volta dele, Jesus começou a dizer:

— Esta é uma geração perversa! Pede sinal; mas nenhum sinal lhe será dado, senão o de Jonas. Porque, assim como Jonas foi sinal para os ninivitas, o Filho do Homem o será para esta geração. A rainha do Sul se levantará, no Juízo, com os homens desta geração e os condenará, porque veio dos confins da terra para ouvir a sabedoria de Salomão. E aqui está quem é maior do que Salomão. Ninivitas se levantarão, no Juízo, com esta geração e a condenarão, porque se arrependeram com a pregação de Jonas. E aqui está quem é maior do que Jonas (Lc11:29-32).

Esse texto paralelo de Lucas narra o mesmo diálogo, com um detalhe a mais: gentios arrependidos estarão ao lado do justo Juiz quando os religiosos forem julgados. A religião se orgulha da sua ortodoxia, de seus mitos e ritos, orgulha-se de seus templos e de sua riqueza, mas não conhece a humildade do Cristo-homem. A religião se orgulha de sua história,

A RELIGIÃO NÃO ENXERGA O REINO

apega-se aos seus líderes históricos mais do que a Deus. Ergue reis e profetas à condição de messias, mas aqui está aquele que é maior do que Salomão. Ninivitas se renderam a Deus na pregação de Jonas, mas a religião não se curva diante de quem é maior do que Jonas, por isso é bem pior do que eles. A religião denuncia tudo que está fora de seus domínios como coisa do diabo, sem se dar conta de que ela mesma pode ser pior do que tudo que há no mundo. A terra é cheia de pecado sem saber o que é pecado, mas a religião sabe o que é pecado e optou por ele, e não pelo arrependimento. Cuidado! Você pode estar vivendo uma religião.

DIÁLOGO 13
JESUS E NICODEMOS (JO 3:1-15)

¹Havia entre os fariseus um homem chamado Nicodemos, um dos principais dos judeus. ²Este, de noite, foi até Jesus e lhe disse:

— Rabi, sabemos que o senhor é Mestre vindo da parte de Deus, porque ninguém pode fazer estes sinais que o senhor faz, se Deus não estiver com ele. ³Jesus respondeu:

— Em verdade, em verdade lhe digo que, se alguém não nascer de novo, não pode ver o Reino de Deus.

⁴Nicodemos perguntou:

— Como pode um homem nascer, sendo velho? Será que pode voltar ao ventre materno e nascer uma segunda vez?

146 DIÁLOGOS COM JESUS

[5]Jesus respondeu:

— Em verdade, em verdade lhe digo: quem não nascer da água e do Espírito não pode entrar no Reino de Deus. [6]O que é nascido da carne é carne, e o que é nascido do Espírito é espírito. [7]Não fique admirado por eu dizer: "Vocês precisam nascer de novo." [8]O vento sopra onde quer, você ouve o barulho que ele faz, mas não sabe de onde ele vem, nem para onde vai; assim é todo o que é nascido do Espírito.

[9]Então Nicodemos perguntou:

— Como pode ser isso?

Jesus respondeu:

[10]— Você é mestre em Israel e não compreende estas coisas? [11]Em verdade, em verdade lhe digo que nós falamos do que sabemos e damos testemunho do que vimos, mas vocês não aceitam o nosso testemunho. [12]Se vocês não creem quando falo sobre coisas terrenas, como crerão se eu lhes falar sobre as celestiais? [13]Ora, ninguém subiu ao céu, a não ser aquele que de lá desceu, o Filho do Homem. [14]E assim como Moisés levantou a serpente no deserto, assim também é necessário que o Filho do Homem seja levantado, [15]para que todo o que nele crê tenha a vida eterna.

. . . .

Nicodemos era um dos principais fariseus, um mestre que, provavelmente interessado em entender quem era Jesus, vai sozinho à noite procurá-lo. Ele parece ter notado que a

A RELIGIÃO NÃO ENXERGA O REINO 147

caminhada de Jesus deixara um rastro de sinais. As palavras dos Profetas e os Salmos revelavam características do Messias, as quais tornariam evidente o seu reconhecimento.

Talvez, para Nicodemos, se Jesus não fosse o Messias, pelo menos seria um mestre muito especial, um servo diferente, vindo da parte de Deus.

Assim, ao dirigir-se a Jesus, Nicodemos reconhece os sinais dele como marcas de autenticidade. Os mestres (rabis) entre os fariseus eram homens de profundo conhecimento das Escrituras; mantinham firmes a tradição e a fé do povo, pois eram guardiões da existência de um povo criado por Deus. Eram responsáveis por ensinar a lei aos meninos israelitas. A palavra de um mestre era luz na tradição judaica daqueles dias. Mesmo assim, poderiam haver diferentes interpretações da lei.

Assistir à conversa entre dois mestres era um privilégio; esses encontros eram comuns, mas nunca triviais. Era como ir a um congresso de debates filosóficos ou políticos do tipo que mudam o destino de pessoas. A história nos conta que, nos dias de Jesus, Shamai e Hilel eram os principais mestres da lei, e Gamaliel é outro mestre citado em Atos 5:33 e Atos 22:3. Parece-nos que Nicodemos está em dúvida, pois Jesus não tem as características de nenhuma linha educacional conhecida, não foi aluno de um mestre reconhecido e ainda assim domina a lei e a interpreta diferentemente de todos os demais. Quando Nicodemos vê os sinais realizados por Jesus, sente que deve procurá-lo e inicia o diálogo dizendo que o reconhece como mestre e que

148 DIÁLOGOS COM JESUS

Deus está com ele. Seria impossível tudo aquilo acontecer sem a interferência de Deus.

Apesar de Nicodemos não ter feito uma pergunta, Jesus nota sua dúvida e vai direto à questão que realmente importa: o novo nascimento. Note que Jesus está dizendo que, se alguém não nascer de novo, não pode ver o reino de Deus. Jesus não diz sobre entrar no reino; ele está dizendo que não se pode ver o reino com os olhos do velho homem. A dúvida de Nicodemos é que os sinais que ele podia ver e os ensinamentos de Jesus não o enquadravam nas categorias de sábios de Israel. É óbvio que não, Jesus não falava de um reino humano. O novo nascimento é um mistério de Deus para a raça humana. Paulo nos ensina na Carta aos Efésios que a salvação é uma dádiva divina que Deus nos dá de graça, mediante a fé (Ef 2:8-10). Não há preço a ser pago, não há méritos que nos tornem capazes de alcançá-la, apenas cremos e somos salvos. Essa fé é a admissão de nossa incapacidade de viver fora de Deus, é o reconhecimento de que somos pecadores, de que nossa vida na verdade é morte, e que Cristo é a vida que precisamos ter. Assim, somos conduzidos a um arrependimento profundo seguido de um desejo ardente de seguir a Cristo e de nos tornarmos novos seres humanos conforme sua imagem. Fé é crer que nada tem sentido a não ser a vida proposta por Cristo; que somente nele a vida faz sentido.

Esse novo nascimento é o grande milagre de Deus para o homem. O homem criado no Éden, decaído no pecado e morto em suas ações ressurge em um novo nascimento a partir de Cristo. O evangelho, o reino, as palavras de Jesus,

A RELIGIÃO NÃO ENXERGA O REINO **149**

o fruto do Espírito, o louvor, o amor, a irmandade, a comunidade da igreja, o perdão, a justiça, a graça, a paz, a humildade, a mansidão, a obediência, enfim, tudo que é do reino se torna claro e natural para nós. Paulo escreve à igreja de Corinto e diz que o homem natural não consegue discernir as coisas do Espírito, mas um homem nascido do Espírito discerne tudo (1Co 2:14-15).

Nicodemos conseguia ver sinais e fazer uma leitura judaica de Jesus como um mestre diferente de outros rabis. Para ele, um mestre sábio também operava maravilhas e curas. A resposta de Jesus é simples: "Você consegue ver apenas isso, Nicodemos? Você precisa nascer de novo para poder ver que não está diante de um mestre milagreiro do reino subjugado de Israel. Você está diante de Deus e de seu reino".

Conheço pessoas que têm todo o conjunto de apetrechos e aparatos que a religião lhes ensinou. Elas têm o vocabulário evangeliquês na ponta da língua, leem a Bíblia, fazem orações, repetem versículos, exercem ministérios, pregam, cantam, ensinam tudo sobre a religião e se alegram com os sinais e feitos de Deus. Mas é só isso. Não conseguem ver mais nada além de ritos, escalas de trabalho dominical, cânticos e testemunhos. Quando ouvem o idioma do reino, não o entendem. Quando vêm imagens do reino, não as discernem. São mais parecidos com um homem de nosso tempo do que com o homem Jesus. Pessoas assim tentam encaixar o modelo de vida humana e sua lógica de sucesso em sua religião para aferir resultados espirituais na vida terrena, mas não viram e não conhecem o reino.

150 DIÁLOGOS COM JESUS

Isso é muito sério. Jesus está em toda a vida religiosa, mas não está dentro dessas pessoas, tampouco as transforma em novas criaturas; elas simplesmente não são de Cristo, e o pior: propagam isso como reino de Deus. Existem líderes assim. No último dia, ouvirão de Jesus: "Não os conheço". Por isso, cuidado! É possível estar em um ambiente cheio de emoção, cânticos, palavras e orações, mas também cheio de gente vazia do reino. Gente que vê os sinais, mas enxergam Jesus apenas como um mestre milagreiro.

Nicodemos então questiona Jesus sobre como é possível nascer de novo. Ele parece não entender o que Jesus quis dizer com essa frase e a interpreta de forma literal. Jesus está falando sobre uma transformação, um salto ontológico, existencial, sobre a morte do velho homem e o ressurgimento de uma nova vida. Nicodemos era mestre em Israel e não conseguia compreender essas coisas.

O que de verdade podemos concluir é que um sistema religioso não oferece transformação em Cristo nem novo nascimento. Ele oferece conversão a uma "visão". Pessoas se tornam crentes, evangélicas, convertem-se (ou qualquer outro termo que preferir), quando possuem uma visão religiosa preestabelecida. Encontro muitas pessoas provenientes de movimentos caracterizados pelo fanatismo que, ao questionarem o sistema com o evangelho em mãos, ouviram a frase: "Você está fora da visão. Está se rebelando!".

"Visão" é um termo que me causa calafrios; é um sistema paralelo ao evangelho que conduz pessoas a uma prática de fé sem transformação. Evangelho é morte; é preciso morrer

A RELIGIÃO NÃO ENXERGA O REINO

para nós mesmos e nascer de novo para Deus. Se isso não acontece, você sempre será prisioneiro de uma "visão" e correrá atrás do que nunca vai alcançar. Será prisioneiro ao invés de celebrar a libertação. Nesse caso, o máximo que vai conseguir é ver sinais, mas não conhecerá o reino, nem entrará nele.

OS PUROS E OS CONTAMINADOS

CAPÍTULO 6

A IDEIA DE SANTIFICAÇÃO, ARREPENDIMENTO E CONSERTO ESTÁ NO CENTRO DE NOSSA FÉ. SOMOS GENTE QUE SE ARREPENDE, ESMURRA O PRÓPRIO CORPO E SE sente dependente da graça e da misericórdia de Deus. Desejamos a cada dia mortificar o nosso velho homem a fim de nos parecermos mais com nosso mestre, contudo, não podemos incorrer no erro dualista de achar que o mundo se divide em dois grupos: o santo e o profano. Existe o certo e o errado, o pecado e a pureza e, sim, o santo e o profano; o que não existem são linhas limítrofes que separam o mundo em duas categorias. Veremos o bem e o mal, o certo e o errado em tudo e em todos. Jesus caminhava entre impuros, o que todos nós somos. A religião adora a ideia dualista de vida, a separação dos perfeitos dos imperfeitos, um caminho que desemboca em um comportamento elitista, orgulhoso, preconceituoso, além de míope. A religião não se permite sentar-se com pecadores, mas Jesus veio exatamente buscar os perdidos. A ideia de que aqueles que andam com pecadores se tornarão pecadores é equivocada. O naufrágio não acontece porque existe oceano, acontece porque existe uma rachadura no casco do navio. A religião aborta a missão, nega a compaixão em nome de sua própria "santidade".

DIÁLOGO 14
JESUS COM PUBLICANOS E PECADORES (MT 9:10-13)

¹⁰Estando Jesus à mesa, na casa de Mateus, muitos publicanos e pecadores vieram e tomaram lugares com Jesus e os seus discípulos. ¹¹Vendo isto, os fariseus perguntavam aos discípulos de Jesus:
— Por que o Mestre de vocês come com os publicanos e pecadores?
¹²Mas Jesus, ouvindo, disse:
— Os sãos não precisam de médico, e sim os doentes. ¹³Vão e aprendam o que significa: "Quero misericórdia, e não sacrifício." Pois não vim chamar justos, e sim pecadores.

. . . .

Esse diálogo tem fortes implicações sobre nossa eclesiologia e nossa missão, ou seja, nossa vida como comunidade e nossas relações no âmbito missional. Um valor importantíssimo e natural na vida de um discípulo de Jesus é a santificação, uma decisão de trilhar o caminho de Cristo em suas pegadas. O cristão é aquele que nega a si mesmo, que luta contra seus pecados e que busca ser melhor a cada dia. Santificação não é um lugar ao qual almejamos chegar, não é um estado a ser alcançado, pois todo dia melhoraremos, mas nunca seremos perfeitos. Santificação é um caminho que escolhemos seguir desde que nascemos de novo para Deus.

Há uma ideia comumente aceita de que, para ser santo, você deve estar em lugares santos com pessoas santas. Caso você esteja em lugares profanos com gente imunda, se contaminará, como se santidade e pecado fossem bactérias que podem contaminá-lo. Lugares não são santos, lugares são lugares. As pessoas é que decidem andar no caminho da santidade ou não. É possível que alguém que vive uma vida torpe, dedicada ao pecado, esteja dentro de um templo ao lado de pessoas que oram e buscam a Deus a vida toda e decida não seguir a Jesus. Pode ser que simplesmente ela assista a tudo e pense: "Não é essa vida que quero ter". Por outro lado, é de se esperar que um discípulo de Jesus esteja em uma comemoração de final de ano da empresa onde trabalha e veja ao seu redor gente cometendo adultério no banheiro, outros se embebedando ou até usando algum tipo de droga, e venha a dizer: "Definitivamente, este não é o caminho que quero seguir".

Quando alguém está vazio e à procura de qualquer coisa para dar sentido à sua vida, qualquer lugar e pessoa podem ser o motivo de sua escolha. Quando alguém nasce de novo, de verdade, e é cheio de Cristo, nenhum lugar será o seu lugar, pois já escolheu o seu caminho. Essa é a característica de um verdadeiro missionário; alguém que, onde quer que esteja, em qualquer circunstância, sempre será portador do reino para quem ainda não o conhece. Mesmo que estejam em lugares em que correm risco de vida, como em países que perseguem cristãos e proíbem a pregação do evangelho, prosseguem na fé e continuam sendo um sinal do reino.

É óbvio que esse não é um trabalho para neófitos, mas para gente madura na fé. Um discípulo recém-liberto das drogas não deve estar em um ambiente propício para o seu consumo, pois pode ser uma tentação maior do que consegue suportar.

Alguém que deixou a bebida não deve, no início de sua caminhada, voltar aos antigos lugares ou restabelecer seus velhos vínculos de amizade. Essa é uma questão de sabedoria no discipulado, de apoio e cuidado com os novos na fé, de gente que vai amadurecer pouco a pouco na caminhada com Cristo.

No diálogo retratado por Mateus, vemos Jesus comendo com publicanos e pecadores. Os publicanos eram tidos como traidores imundos pelos judeus. Eles eram judeus, mas trabalhavam para Roma na cobrança de impostos, e geralmente faziam cobranças acima do estipulado. Publicanos eram vistos como exploradores de seus irmãos e aliados dos inimigos romanos. Já os pecadores eram pessoas que, de alguma forma, transgrediam a lei sem arrependimento, causando problemas nas sinagogas. Por isso eram expulsos e viviam à margem da sociedade religiosa, sendo vistos como infiéis.

Para os fariseus, essa proximidade de Jesus com publicanos e pecadores era reprovável. Afinal, era como se Jesus estivesse misturado àqueles que eram imundos e, para o judeu, a contaminação era assunto importante em sua fé. Aqueles que faziam o voto de nazireado não deveriam beber bebida forte ou tocar em um animal morto. Um judeu não poderia se misturar e se casar com mulher estrangeira. Os leprosos deveriam ficar fora do acampamento de Israel e não deveriam ser tocados por ninguém. No templo, uma mulher não deveria entrar no átrio dos homens, nem os homens no átrio dos sacerdotes, nem os sacerdotes comuns poderiam entrar no Lugar Santíssimo.

A separação física entre o santo e o profano era a única maneira de manter o povo em limites seguros. Enquanto o

OS PUROS E OS CONTAMINADOS 157

reino é terreno, externo aos homens, a solução é separatista, física e externa à consciência. Já quando o reino dos céus chega e entra na consciência dos homens, passa a ser interior. Se não fosse assim, seria impossível cumprir a missão de levar Cristo aos perdidos: os salvos se perderiam, e a missão seria invertida, pois o reino das trevas ganharia os salvos para a perdição. A resposta de Jesus aos fariseus indica que sua missão se direciona aos doentes, não aos que se acham sãos. Ela também cita Oseias 6, passagem que apontava para o juízo de Deus sobre o seu povo, em razão da hipocrisia de quem entra no templo e oferece sacrifícios, mas se recusa a santificar seu interior:

"Que farei com você, Efraim? Que farei com você, Judá? Porque o amor de vocês é como a névoa da manhã e como o orvalho da madrugada, que logo desaparece. Por isso, os abati por meio dos profetas; pela palavra da minha boca, os matei; e os meus juízos sairão como a luz. Pois quero misericórdia, e não sacrifício; conhecimento de Deus, mais do que holocaustos." (Os 6:4-6).

Deus não deseja sacrifícios e holocaustos, mas entendimento e misericórdia. Esse conceito já estava presente nos escritos dos profetas, nos quais a hipocrisia já era condenada por Deus, mas os religiosos ou torciam sua interpretação, ou negavam seu valor. Deus nunca quis um povo religioso apenas de fachada. Os fariseus queriam condenar Jesus pois ele estaria contaminado pelo pecado, mas eram eles que precisavam aprender a misericórdia e a compaixão pelos perdidos.

158 DIÁLOGOS COM JESUS

Isso acontece muito hoje: uma separação entre santos e profanos, uma tentativa religiosa de higienização comunitária, separação dos perfeitos que julgam os imperfeitos. Ao mesmo tempo, porém, quando é conveniente, a religião se associa com o pecado e faz vistas grossas para a injustiça e a maldade dentro de seus muros, quando o pecador é dizimista, por exemplo; ou fora deles, quando o poder político lhe oferece contrapartidas interessantes. É comum ver religiosos que separam a música do mundo e a gospel, os lugares santos (como a igreja) dos profanos (como o bar), pastor como gente santa e cantor sertanejo como pecador.

Jesus olhava ao seu redor e via apenas pecadores precisando de arrependimento. Pecadores arrependidos e que precisavam conhecer o reino. Por isso se sentava somente com eles, afinal, neste mundo só há pecadores. Os fariseus não se sentiam assim; diziam-se puros. Jesus então diz ironicamente que os sãos não precisam de médico, apenas os doentes. Faltava tão somente conversão e humildade para que a religião desaparecesse. Apenas isso.

Como a religião não atua no campo da transformação do ser humano, apenas na mudança de comportamentos religiosos por obrigação, ficam intactas no coração do religioso as regras e leis, as quais podem ser interpretadas segundo as vantagens oferecidas. Já o discípulo de Cristo pode se sentar em qualquer mesa, diante de qualquer pessoa, e levar sempre luz às trevas, e misericórdia, em vez da imposição de sacrifícios. Foi o que Cristo fez e é o que ele nos chama a fazer.

DIÁLOGO 15
O QUE CONTAMINA O HOMEM (MC 7:1-23)

¹Os fariseus e alguns escribas, vindos de Jerusalém, reuniram-se em volta de Jesus. ²Eles viram que alguns dos discípulos de Jesus comiam pão com as mãos impuras, isto é, sem lavar. ³Porque os fariseus e todos os judeus, observando a tradição dos anciãos, não comem sem lavar cuidadosamente as mãos. ⁴Quando voltam da praça, não comem sem se lavar. E há muitas outras coisas que receberam para observar, como a lavagem de copos, jarros e vasos de metal e camas. ⁵Os fariseus e os escribas perguntaram a Jesus:

— Por que os seus discípulos não vivem conforme a tradição dos anciãos, mas comem com as mãos impuras?

⁶Jesus respondeu:

— Bem profetizou Isaías a respeito de vocês, hipócritas, como está escrito: "Este povo me honra com os lábios, mas o seu coração está longe de mim.⁷E em vão me adoram, ensinando doutrinas que são preceitos humanos." ⁸Rejeitando o mandamento de Deus, vocês guardam a tradição humana.

⁹E disse-lhes ainda:

— Vocês sempre encontram uma maneira de rejeitar o mandamento de Deus para guardarem a própria tradição. ¹⁰Pois Moisés disse: "Honre o seu pai e a sua mãe." E: "Quem maldisser o seu pai ou a sua mãe

160 DIÁLOGOS COM JESUS

seja punido de morte." [11]Vocês, porém, dizem que, se alguém disser ao seu pai ou à sua mãe: "A ajuda que você poderia receber de mim é Corbã, isto é, oferta ao Senhor", [12]então vocês o dispensam de fazer qualquer coisa em favor do seu pai ou da sua mãe, [13]invalidando a palavra de Deus por meio da tradição que vocês mesmos passam de pai para filho. E fazem muitas outras coisas semelhantes.

[14]E, convocando outra vez a multidão, Jesus disse:

— Escutem todos e entendam: [15]Não existe nada fora da pessoa que, entrando nela, possa contaminá-la; mas o que sai da pessoa é o que a contamina.[16][Se alguém tem ouvidos para ouvir, ouça.]

[17]Quando entrou em casa, deixando a multidão, os seus discípulos o interrogaram a respeito da parábola. [18]Jesus lhes disse

— Então vocês também não entendem? Não compreendem que tudo o que está fora da pessoa, entrando nela, não a pode contaminar,[19]porque não entra no coração dela, mas no estômago, e depois é eliminado?

E, assim, Jesus considerou puros todos os alimentos. [20]E dizia

— O que sai da pessoa, isso é o que a contamina. [21]Porque de dentro, do coração das pessoas, é que procedem os maus pensamentos, as imoralidades sexuais, os furtos, os homicídios, [22]os adultérios, a avareza, as maldades, o engano, a libertinagem, a inveja, a blasfêmia, o orgulho, a falta de juízo. [23]Todos estes males vêm de dentro e contaminam a pessoa.

. . . .

OS PUROS E OS CONTAMINADOS

Os fariseus e os escribas viram os discípulos de Jesus comendo sem lavar as mãos. Isso nos sugere que Jesus já mantinha o grupo de discípulos, em parte, livre da tradição dos anciãos, libertos de preceitos que não se alinhavam com o seu reino. Sabemos por outros textos que os discípulos foram se desvencilhando aos poucos dessas ordenanças; não foi algo imediato, mas de qualquer forma nesse diálogo vemos discípulos livres.

Como Marcos nos mostra, a tradição de interpretação dos anciãos era uma regra de conduta de vida. Não podemos nos esquecer de que, ao ler essa passagem, estamos diante de uma sociedade onde hábitos culturais e religiosos estão unidos sob a tutela da lei. Toda conduta cultural era também religiosa; pecado e crime eram quase a mesma coisa.

Em sua resposta, Jesus cita o profeta Isaías, que os escribas e fariseus conheciam bem, para apontar a hipocrisia de uma conduta externa, que era lavar as mãos, contra um coração impuro, sem verdade diante de Deus.

O Senhor disse: "Visto que este povo se aproxima de mim e com a sua boca e com os seus lábios me honra, mas o seu coração está longe de mim, e o seu temor para comigo consiste só em mandamentos ensinados por homens continuarei a fazer obra maravilhosa no meio deste povo. Sim, farei obra maravilhosa e um prodígio, de maneira que a sabedoria dos seus sábios será destruída, e o entendimento dos seus entendidos desaparecerá." (Is 29:13-14).

A religião, em seu sentido legalista, é o modo de viver das pessoas que têm Deus nos lábios, mas longe do coração. Isaías, que viveu cerca de oito séculos antes de Cristo, já profetizava contra o povo, dizendo que essa era uma prática abominável, pois o Deus que ouve o coração de um homem não se importa com o que sua boca diz.

É por isso que sempre digo que louvor é toda a prática de justiça, amor, ética e graça que estão presentes na vida de um discípulo todos os dias, de segunda a segunda, e que confirmam cada palavra que ele canta no domingo. Louvor não é o que cantamos, não é música, não são rimas ou sons e timbres que emocionam. Essas coisas qualquer boca pode produzir. Louvor é tudo que fazemos quando saímos da igreja, é tudo aquilo que confirma que nossas palavras de adoração durante um culto não foram vazias. Não se preocupe tanto com o louvor comunitário, nem com a emoção produzida, nem com o repertório cativante; preocupe-se com quem você é de verdade. Deus não está interessado em ouvir o que cantamos apenas, mas, sim, ouvir aquilo que somos. Ele não nos salvou para sermos novos cantores, mas para sermos novas criaturas; o que cantamos é mera consequência da nossa nova identidade.

Jesus estava diante dos chamados "doutores da lei", escribas que sabiam de cor cada palavra, cada ponto e cada vírgula da lei, que eram estudiosos da tradição de interpretação milenar judaica. Eles sabiam como se comportar diante dos 613 mandamentos e conheciam de cor todos os cânticos dos cinco livros do saltério judaico, ou seja, todos os salmos.

OS PUROS E OS CONTAMINADOS 163

Nada disso, contudo, tinha valor para Jesus. Você se lembra? *"Quero misericórdia, e não sacrifício."* Os fariseus cumpriam uma tradição, mas rejeitavam o verdadeiro sentido da lei: amar a Deus sobre todas as coisas e ao próximo como a si mesmo. Para um religioso, o ato de lavar as mãos era mais importante do que matar a fome de alguém. Quem não lava a mão não come. Preferem o sacrifício, e não a misericórdia. Religiosos interpretam a lei segundo sua conveniência, e Jesus destaca isso em sua resposta ao afirmar que seus opositores iam contra o espírito da lei ao invalidar a palavra genuína de Deus, substituindo-a por suas tradições passadas de geração em geração.

Em vez de cuidar com amor de seus pais, os sábios intérpretes da lei diziam que não tinham tempo e que seus pais deveriam compreender que o tempo e a vida deles era uma oferta (Corbã) dedicada a Deus. Essa era uma boa saída para não cumprir a lei com uma desculpa espiritual hipócrita. Textos interpretados fora de contexto para um pretexto conveniente são muito comuns na religião. Líderes religiosos sempre exigem de seus liderados um tipo de sacrifício que eles mesmos não querem cumprir e citam textos que servem como desculpa para livrá-los da obrigação. Por outro lado, recebem benefícios e honrarias aos quais as pessoas comuns nunca terão acesso e citam textos que servem como desculpa para particularizar bênçãos que são devidas apenas a eles, e não ao povo.

Nesse ponto, já deve estar bem claro para nós como a religião e o reino são realidades completamente opostas:

164 DIÁLOGOS COM JESUS

- O reino de Deus é um lugar aprazível; a religião é o lugar do sacrifício de um povo para benefício de uma instituição e seus líderes.

- O reino de Deus é o lugar do sacrifício de Cristo em benefício de todos; na religião, há uma pirâmide de escalonamento hierárquico onde, quanto mais baixa a posição, mais trabalho e menos benefício.

- O reino é o lugar onde Cristo reina e todos vivem como irmãos em um mesmo patamar; na religião, os inferiores servem os superiores, os menores honram os maiores.

- No reino, os últimos serão os primeiros, os maiores servem aos menores e toda a honra é dada a Cristo; na religião, os homens desejam crescer verticalmente, em posições de superioridade, para servir menos e ser mais servidos.

- No reino, os discípulos querem se desenvolver horizontalmente, sendo servos uns dos outros, como Cristo se fez servo por nós; na religião, dons são honrarias, quem os têm são servidos.

- E por fim: no reino, dons são dádivas, aqueles que os têm são servos.

Jesus conclui esse diálogo apontando para onde está a verdadeira contaminação: no coração humano. A maldade, a injustiça, a ira, a mentira, a inveja, a corrupção e todo tipo de pecado não procedem de uma mão mal lavada para a refeição, mas de um coração não transformado para a vida.

OS PUROS E OS CONTAMINADOS 165

A contaminação não vem do que está ao redor do homem; ela habita dentro do ser humano, é o próprio pecado que toma forma e vem à tona quando a pessoa abre a boca e fere alguém ou quando causa danos a outros. Por isso, escribas e fariseus se preocupavam muito com a forma, e não com a essência; preocupavam-se muito com a tradição, e não com a vida humana. Uma regra religiosa pode fazer uma comunidade inteira agir de forma correta e aparentemente perfeita, mas nunca poderá mudar o interior das pessoas, pois é apenas uma mudança estética. O evangelho do reino, que nos quebranta e nos leva ao arrependimento, com morte e ressurreição a cada dia, é um caminho muito mais longo, e muito mais doloroso.

Com um olho no texto e outro na vida, entenda que conviveremos com gente normal, com defeitos e imperfeições. Vivemos em um mundo de performance, de otimização de atitudes ao longo do tempo para obtenção de melhores resultados. Esse é o mundo do *coaching*, no qual pessoas são máquinas com programação mental e procedimentos mecanizados preestabelecidos, a fim de performar e obter resultados segundo as mais variadas demandas. Mas a comunidade do reino nunca terá como *marketing* uma aparência perfeita, uma vez que todo o povo, a cada dia, está sendo moldado de dentro para fora; todo mundo está vivendo Cristo e sendo trabalhado por ele, pouco a pouco. É isso. Apenas isso. Mas é tudo.

JESUS É CONTRA A FÉ DOS LÍDERES DO DEUS DA LEI

CAPÍTULO 7

O EVANGELHO DO REINO NOS LEVA A DISCERNIR A DIFE-RENÇA ENTRE OBEDECER À UMA LEI E SER UMA NOVA CRIATURA. JESUS, DIVERSAS VEZES, ESTÁ EM DEBATE com mestres da lei, homens que interpretavam a regra de conduta do povo de Deus sem, porém, levar em conta o princípio fundamental da lei: o amor de Deus pelos homens e o amor verdadeiro dos homens a Deus. Isso nos leva a assistir a diálogos paradoxais que colocam em oposição o Filho de Deus de um lado e os intérpretes da lei de Deus de outro. Os religiosos eram ótimos em julgar pessoas, com uma certeza no julgamento tão grande quanto a sua dureza de coração.

DIÁLOGO 16
A DUREZA DO CORAÇÃO RELIGIOSO (MT 19:3-9)

[3]Alguns fariseus se aproximaram de Jesus e, testando--o, perguntaram:

— É lícito ao homem repudiar a sua mulher por qualquer motivo?

[4]Jesus respondeu:

— Vocês não leram que o Criador, desde o princípio, os fez homem e mulher [5]e que disse: "Por isso o homem deixará o seu pai e a sua mãe e se unirá à sua mulher, tornando-se os dois uma só carne"? ⁶De modo que já não são mais dois, porém uma só carne. Portanto, que ninguém separe o que Deus ajuntou.

⁷Os fariseus perguntaram:

— Então por que Moisés ordenou dar uma carta de divórcio e repudiar a mulher?

⁸Jesus respondeu:

— Foi por causa da dureza do coração de vocês que Moisés permitiu que vocês repudiassem a mulher, mas não foi assim desde o princípio. ⁹Eu, porém, lhes digo: quem repudiar a sua mulher, não sendo por causa de relações sexuais ilícitas, e casar com outra comete adultério.

· · · · · · · · · · · · · · · · ·

Estamos diante de um tema muito discutido e polêmico entre os cristãos: o divórcio. Nossa intenção não é fazer uma análise pormenorizada sobre esse tema em particular, mas analisar a essência maldosa desses homens em seus embates com Jesus, dos quais sempre saíram derrotados.

Não devemos pensar que o evangelho é uma lei; é a boa-nova do reino de Deus para o homem. Se o desejo de Jesus fosse deixar um novo código de leis, ou tábuas de pedra com novos mandamentos, não teria vivido como viveu nem dito o que disse. Aliás, se Jesus viesse apenas nos trazer uma nova lei ou reafirmar o que Moisés havia dito, não precisaria ter vindo. Bastava um novo profeta ou novos mestres ungidos, e o povo prosseguiria sendo o povo da lei, que obedece à regra, e não o que morre e ressuscita.

JESUS É CONTRA A FÉ DOS LÍDERES DO DEUS DA LEI 169

Contudo, Deus deseja filhos nascidos de novo, portadores do seu Espírito, para formar seu reino de gente transformada, e não um exército de empregados obedientes. Um empregado faz na casa o que lhe for mandado, ou não faz, se não lhe for mandado. Um filho faz o que faz porque ama sua família; e, mesmo quando obedece, sua obediência também está subjugada ao amor.

Como sempre, fariseus se aproximam para tentar provar que Jesus é contra a lei. As perguntas eram sempre feitas em público, pois o público é importante, já que a ideia das autoridades era seguir sendo relevante para as massas para, assim, controlá-las. Em certa ocasião, Jesus advertiu seus discípulos quanto ao fermento dos fariseus, isto é, a hipocrisia (Lc 12:1; Mc 8:15; Mt 16:5). A hipocrisia é um dos pilares da religião, e era um dos principais traços dos mestres em suas abordagens a Jesus; eles sempre aparentavam piedade, mas seu coração estava bem longe disso. Com um olho no texto e outro na vida, percebemos que a história do desenvolvimento religioso nos mostra sempre que fiéis não sabem o que fazem, ou pelo menos nunca pensaram no que fazem. A consciência e a emancipação não são valores estimados pela religião. É por isso que os intérpretes da lei, de forma conveniente e hipócrita, buscam criar um auditório de pessoas aprisionadas em dúvidas, enquanto estão seguros guardados pelo seu sistema.

A pergunta da vez aqui é se um homem poderia dar carta de divórcio a uma mulher por qualquer motivo. A lei dizia, em Deuteronômio 24:1-4, que, quando um homem tomasse

170 DIÁLOGOS COM JESUS

como esposa uma mulher e encontrasse nela algo indecente (provavelmente um sinal de traição ou de não virgindade), poderia devolvê-la com uma simples carta de justificativa. A moça então retornaria à casa de seus pais com a carta em mãos, dizendo a razão por ela ter sido repudiada. À primeira vista, a pergunta dos fariseus mereceria uma resposta óbvia. Jesus deveria responder: "Não, um homem somente pode repudiar sua mulher se encontrar nela algo indecente". Essa seria a resposta correta, que provaria que Jesus é a favor da lei dada por Deus a Moisés. No entanto, Jesus dá uma outra resposta, mudando o foco para o conceito da união indissolúvel estabelecido na Criação, portanto anterior à lei. Jesus existia antes de Moisés! A relação de Deus com o homem não começou na lei e não pode ser mediada apenas por leis, por mais importante que tenha sido a lei dada por Deus ao povo. Jesus volta à Criação, acontecimento que ele presenciou. O homem e a mulher foram criados um para o outro e sem pecado a fim de se dedicarem a Deus, a si próprios, um ao outro e de cuidar de tudo que fora criado. Sem traição ou violência, sem inveja ou maldade, sem abusos ou escravidão. O homem, feito à imagem de Deus, e a mulher, feita a partir do homem, juntos formariam uma união perfeita, como perfeita é a união vivenciada na Trindade.

O ser humano, porém, desejou conhecer o mal e assim escolheu o pecado. Esse segue sendo um dos traços mais fortes de nossa personalidade: decidir o que queremos ser, sem que haja um Deus sobre nós ao qual devemos prestar contas. Somos todos Adão. A partir do Éden, tudo que vemos é uma

JESUS É CONTRA A FÉ DOS LÍDERES DO DEUS DA LEI 171

tentativa de ordenar a vida por nossa conta, já que a vida antes ordenada por Deus foi desprezada por nós. A única solução para esse problema é o próprio Cristo, pois ele é o exemplo de ser humano que deveríamos ser e não somos. Quando olhamos para Cristo, vemos nele o Deus que deveríamos temer e não tememos, somos incentivados a morrer e a nascer de novo. Mas até que Cristo viesse, enquanto o homem se achava perdido em suas mazelas e descaminhos, Deus enviou a lei:

Mas, antes que viesse a fé, estávamos sob a tutela da lei e nela encerrados, para essa fé que, no futuro, haveria de ser revelada. De maneira que a lei se tornou nosso guardião para nos conduzir a Cristo, a fim de que fôssemos justificados pela fé. Mas, agora que veio a fé, já não permanecemos subordinados ao guardião (Gl 3:23-25).

A Lei e os Profetas duraram até João; desde esse tempo o evangelho do Reino de Deus vem sendo anunciado, e todos se esforçam para entrar nele. E é mais fácil passar o céu e a terra do que cair um til sequer da Lei (Lc 16:16-17).

Assim se foi a lei, seu caráter cerimonial e cívico atingiu seu período de validade. Isso não significa que o caráter de Deus, seus princípios e sua vontade de santificação não estivessem expressos na lei — sim, esse é o espírito da lei, que é Cristo, e ele habita em nós.

Portanto, a resposta de Jesus não foi o que os fariseus desejavam ouvir sobre a lei, mas sim o que eles não gostavam

172 DIÁLOGOS COM JESUS

de ouvir sobre Deus. É por isso que eles insistem em questionar por qual razão então Moisés permitiria uma carta de divórcio. Permitam-me aqui fazer uma paráfrase da resposta de Jesus: "É por causa da dureza do coração de vocês que Deus permite o divórcio. Deus permite porque o ser humano está em um estado decaído. Ele nunca será perfeito, apenas na eternidade. Deus não deu a lei para que vocês se tornassem perfeitos, mas para mostrar o quanto são imperfeitos. A lei consegue tão somente limitar, em parte, a maldade de vocês. O grande problema não é poder divorciar-se ou não; o grande problema é que vocês são maus. Vocês cobiçam, traem uns aos outros, adulteram, matam, invejam e acham que cumprir uma regra os torna perfeitos".

Jesus aponta para algo muito mais sério do que o divórcio: o motivo pelo qual ele acontece. O problema não é poder separar-se ou não. Enquanto discutimos o que pode e não pode ser feito, disfarçamos toda a maldade capaz de levar duas pessoas a romper o relacionamento. Essa maldade anterior ao divórcio é o pecado cujo salário é a morte, por isso a graça reconciliadora convive com o pecador arrependido, não porque ele se tornou perfeito, mas porque reconhece sua imperfeição.

Ainda assim, depois de ter dito o que não queriam ouvir, Jesus encerra o diálogo com a resposta tão esperada pelos fariseus: a não ser em caso de relações sexuais ilícitas, quem repudiar sua mulher comete adultério. Todo pecado é fundamentalmente um adultério. É quando a noiva (igreja) não tem prazer com o noivo (Cristo), mas com qualquer outro senhor.

JESUS É CONTRA A FÉ DOS LÍDERES DO DEUS DA LEI **173**

Nesse caso, o que tem menos importância é a carta de divórcio; o que vale é a carta escrita com sangue em nosso coração.

DIÁLOGO 17
A BLASFÊMIA (MT 12:22-32)

²²Então trouxeram a Jesus um endemoniado, cego e mudo. Jesus o curou, e o homem passou a falar e a ver. ²³E toda a multidão se admirava e dizia:

— Não seria este, por acaso, o Filho de Davi?

²⁴Mas os fariseus, ouvindo isto, diziam:

— Este não expulsa demônios senão pelo poder de Belzebu, o maioral dos demônios.

²⁵Mas Jesus, sabendo o que eles pensavam, disse-lhes:

— Todo reino dividido contra si mesmo ficará deserto, e toda cidade ou casa dividida contra si mesma não subsistirá. ²⁶Se Satanás expulsa Satanás, está dividido contra si mesmo; como, então, o seu reino subsistirá? ²⁷E, se eu expulso os demônios por Belzebu, por quem os filhos de vocês os expulsam? Por isso, eles mesmos serão os juízes de vocês. ²⁸Se, porém, eu expulso os demônios pelo Espírito de Deus, certamente é chegado o Reino de Deus sobre vocês. ²⁹Ou como pode alguém entrar na casa do valente e roubar-lhe os bens sem primeiro amarrá-lo? E só então saqueará a casa dele. ³⁰Quem não é por mim é contra mim; e quem comigo não ajunta espalha. ³¹Por isso, digo a vocês que todo pecado e blasfêmia serão perdoados aos

174 DIÁLOGOS COM JESUS

homens; mas a blasfêmia contra o Espírito não será perdoada. ³²Se alguém disser alguma palavra contra o Filho do Homem, isso lhe será perdoado; mas, se alguém falar contra o Espírito Santo, isso não lhe será perdoado, nem neste mundo nem no porvir.

....

Exatamente após esse milagre (e a essa blasfêmia), os fariseus voltam a pedir um sinal a Jesus (Mt 12:38). Impressionante! Mateus deixa explícita aqui a total falta de disposição dos religiosos de crer em Jesus, o que me faz lembrar um ditado em conhecido: "Quem quer arruma um jeito; quem não quer arruma uma desculpa".

Os religiosos — não sabemos precisar se todos eles — não desejavam um esclarecimento para crer; desejavam mesmo era fazer Jesus sucumbir em seus debates. Mas as suas armas de argumentação mostram-se ineficazes, pois sucumbem diante do Verbo de Deus. O que a religião desejava mesmo era matar Jesus (Mt 26:1-5; Mc 14:1-2; Lc 22:1-2 e Jo 11:47-57), pois todo o sistema religioso estava ameaçado por suas palavras e pelo seu reino. Liberdade, consciência, responsabilidade, amor, perdão, coerência, verdade e transparência são bombas que fazem implodir o edifício da religião edificado com valores exatamente inversos a eles.

Jesus acabara de fazer um tremendo sinal: a cura de um cego e mudo. As palavras do profeta Isaias finalmente encontravam seu cumprimento: "Então se abrirão os olhos dos

JESUS É CONTRA A FÉ DOS LÍDERES DO DEUS DA LEI 175

cegos, e se desimpedirão os ouvidos dos surdos; os coxos saltarão como as corças, e a língua dos mudos cantará. Pois águas arrebentarão no deserto, e ribeiros, no ermo" (Is 35:5-6). Esse era o sinal da salvação que chegaria a Sião; era o sinal do Salvador. Mas os religiosos sempre vão interpretar as palavras sagradas de acordo com sua conveniência. Um salvador que viesse fora do eixo fariseu-saduceu seria uma desgraça para os negócios da fé. Portanto, era necessário executar uma ação rápida, imediata. A reação blasfema dos fariseus foi atribuir a Belzebu o poder de Jesus de expulsar demônios.

Para a religião, tudo que não pode ser controlado por ela é do diabo. Mas, na verdade, a própria religião é uma grande potestade, um poder que se opõe a Deus, talvez o maior de todos, pois age em nome de um deus falso. Nunca se esqueça de que, na revelação de Deus a João registrada em Apocalipse, a besta será adorada (Ap 13:8). Essa adoração significa que haverá um sentido religioso na relação com tamanho mal. Todos procuram pela figura de um líder diabólico, mas a besta será, e já é, um sistema adorado e venerado por todos, sem, todavia, ter Deus por trás dele.

Ninguém, de modo nenhum, os engane, porque isto não acontecerá sem que primeiro venha a apostasia e seja revelado o homem da iniquidade, o filho da perdição, o qual se opõe e se levanta contra tudo o que se chama Deus ou é objeto de culto, a ponto de assentar-se no santuário de Deus, apresentando-se como se fosse o próprio Deus (2Ts 2:3-4).

A religião parece se encaixar perfeitamente nessa descrição. Ela se senta no santuário, apresenta-se como deus, usa todo o vocabulário bíblico conhecido, mas se levanta contra tudo que se chama Deus. Os fariseus disseram que Jesus expulsava demônios pelo poder de Belzebu, o que significa que o Espírito Santo era um demônio. Essa é a blasfêmia que não tem perdão. Não há como haver perdão quando, em vez de um coração aberto e arrependido, há um ser humano entregue a Satanás que despreza a obra do Espírito consciente e deliberadamente.

Marcos narra esse mesmo diálogo com esta conclusão: "Mas aquele que blasfemar contra o Espírito Santo nunca terá perdão, visto que é réu de pecado eterno. Jesus disse isto porque diziam: 'Está possuído de um espírito imundo'" (Mc 3:29-30).

Esses homens eram réus de um pecado eterno, como bem disse Jesus. Possuíam um coração irredutível e contrário a Deus. Tinham uma aparência piedosa e um discurso cheio de frases dos Salmos e dos Profetas, mas um coração vazio de Deus, tão vazio que mal podiam conhecer o Deus que estava diante deles e, pior: identificavam Jesus como Belzebu. Lembre-se, a religião não precisa de um Deus para existir, pois ela mesma cumpre seu papel. Nesse sentido, ela se transforma em um poder diabólico que quer ocupar o lugar de Deus, promovendo um culto de si própria e criando o pior dos males que alguém pode produzir no cosmos: levar pessoas à morte enquanto elas pensam que estão com Deus.

JESUS É CONTRA A FÉ DOS LÍDERES DO DEUS DA LEI 177

Cristo está no centro de tudo que se faz, tudo que se canta e tudo que se prega em sua comunidade local? O evangelho do reino e as palavras de Cristo são a base de tudo que se ensina e é proclamado em sua comunidade local? Você, líder ou pastor, tem Cristo como pedra angular, como fundamento de todas as suas ações ministeriais? Essas são perguntas-chave, já que vivemos em um momento de grande risco, no qual o nome de Deus e de Jesus até são proclamados no contexto de um rito vazio sem qualquer relação com o reino. Ao longo de nossa caminhada, nossa satisfação pessoal tomou o lugar de nossa missão; nossa vontade ganhou mais importância do que a vontade de Deus; a palavra que agrada nosso ego tomou o lugar do evangelho.

Os fariseus acusaram Jesus de expulsar demônios pelo poder de Belzebu, e Jesus diz a eles que uma casa dividida ruiria. Essa chega a ser uma conclusão até engraçada de tão óbvia: se um demônio expulsasse outro demônio, como o reino das trevas poderia triunfar? Jesus devolve a questão aos seus interlocutores, perguntando-lhes por quem então os filhos deles expulsam demônios. De forma lógica, ele reafirma sua condição de Filho de Deus, pois apenas alguém mais forte do que um valente pode amarrá-lo e saqueá-lo. Assim, quem chama Deus de Belzebu gera que tipo de filhos na fé?

A relação desse diálogo com os nossos dias é inevitável. Quando um religioso desse tipo ora hoje, ele ora em nome de quem? Quando essa religião ora expulsando demônios, dando ordens a principados e potestades, está fazendo isso com que autoridade?

O EVANGELHO ACABA COM A NOSSA RELIGIÃO

CAPÍTULO 8

SE O FILHO DE DEUS ESTAVA DIANTE DOS RELIGIOSOS, OS GRANDES INTÉRPRETES DA LEI DE DEUS, POR QUE RAZÃO NÃO HAVIA CONCORDÂNCIA ENTRE ELES? A resposta é simples: a vida baseada no evangelho proposta por Jesus e a religião dos escribas e fariseus eram duas coisas distintas. Creio que todos os dias estamos diante do desafio de não cairmos na tentação de nos acomodarmos sob preceitos meramente religiosos. Se começarmos a mergulhar no entendimento do evangelho, fatalmente nossa religião será colocada à prova.

DIÁLOGO 18
O PÃO DOS CÉUS (JO 6:41-59)

O capítulo 6 do Evangelho de João é um texto apaixonante, no qual Jesus multiplica pães: o Pão da Vida distribui pães para alimentar a multidão, uma prova de amor e um sinal de que, no seu reino, ninguém terá fome. Mais adiante, os judeus questionam Jesus sobre sua afirmação: "Eu sou o pão que desceu do céu". Algo importante de salientar mais uma vez é que, diferentemente dos Evangelhos Sinóticos (Mateus, Marcos e Lucas), João não diferencia fariseus, escribas e

180 DIÁLOGOS COM JESUS

saduceus. Quando trata dos religiosos, João se refere a eles apenas como "os judeus".

. . . .

⁴¹Então os judeus começaram a murmurar contra ele, porque tinha dito: "Eu sou o pão que desceu do céu." ⁴²E diziam: — Este não é Jesus, o filho de José? Por acaso não conhecemos o pai e a mãe dele? Como é que ele agora diz: "Desci do céu"? ⁴³Jesus respondeu: — Não fiquem murmurando entre vocês. ⁴⁴Ninguém pode vir a mim se o Pai, que me enviou, não o trouxer; e eu o ressuscitarei no último dia. ⁴⁵Está escrito nos Profetas: "E todos serão ensinados por Deus." Portanto, todo aquele que ouviu e aprendeu do Pai, esse vem a mim. ⁴⁶Não que alguém tenha visto o Pai, a não ser aquele que vem de Deus; este já viu o Pai. ⁴⁷Em verdade, em verdade lhes digo: quem crê em mim tem a vida eterna. ⁴⁸Eu sou o pão da vida. ⁴⁹Os pais de vocês comeram o maná no deserto e morreram. ⁵⁰Este é o pão que desce do céu, para que todo o que dele comer não pereça. ⁵¹Eu sou o pão vivo que desceu do céu; se alguém comer deste pão, viverá eternamente. E o pão que eu darei pela vida do mundo é a minha carne.

⁵²Então os judeus começaram a discutir entre si, dizendo:

— Como é que este pode nos dar a sua própria carne para comer?

O EVANGELHO ACABA COM A NOSSA RELIGIÃO 181

[53]Jesus respondeu:

— Em verdade, em verdade lhes digo que, se vocês não comerem a carne do Filho do Homem e não beberem o seu sangue, não terão vida em vocês mesmos. [54]Quem come a minha carne e bebe o meu sangue tem a vida eterna, e eu o ressuscitarei no último dia. [55]Pois a minha carne é verdadeira comida, e o meu sangue é verdadeira bebida. [56]Quem come a minha carne e bebe o meu sangue permanece em mim, e eu permaneço nele. [57]Assim como o Pai, que vive, me enviou, e igualmente eu vivo por causa do Pai, também quem de mim se alimenta viverá por mim. [58]Este é o pão que desceu do céu, em nada semelhante àquele que os pais de vocês comeram e, mesmo assim, morreram; quem comer este pão viverá eternamente.

[59]Jesus disse essas coisas quando ensinava na sinagoga de Cafarnaum.

• • • • • • • • • • • • • • • •

Os religiosos murmuravam entre si sobre o fato de Jesus ter dito ser o pão da vida. A murmuração sempre esteve presente na história dos judeus no Antigo Testamento; foram constantes as murmurações no deserto e as contra Moisés e contra Deus, duvidando de seu plano ou de seu poder e misericórdia. A murmuração custou caro a esse povo que peregrinou quarenta anos no deserto (Nm 14:1-38), e agora estava Jesus de novo enfrentando um povo murmurador e incrédulo diante de seu Salvador.

182 DIÁLOGOS COM JESUS

Antes desse diálogo, o povo havia feito uma pergunta a Jesus.

Então eles disseram:

— Que sinal o senhor fará para que vejamos e creiamos no senhor? O que o senhor pode fazer? Nossos pais comeram o maná no deserto, como está escrito: "Deu-lhes a comer pão do céu."

Jesus lhes disse:

— Em verdade, em verdade lhes digo que não foi Moisés quem deu o pão do céu para vocês; quem lhes dá o verdadeiro pão do céu é meu Pai. Porque o pão de Deus é o que desce do céu e dá vida ao mundo.

Então lhe disseram:

— Senhor, dê-nos sempre desse pão.

Jesus respondeu:

— Eu sou o pão da vida. Quem vem a mim jamais terá fome, e quem crê em mim jamais terá sede (Jo 6:30-35).

No deserto, o povo murmurou por não ter comida, e Deus enviou o maná (Êx 16:1-10). Agora o povo dizia a Jesus que fora Moisés quem trouxera o maná, e Jesus precisa explicar que não foi Moisés, e sim Deus quem enviara o maná e que o mais importante é que ele mesmo, Jesus, era o verdadeiro maná. No deserto, o maná deveria ser recolhido e comido no mesmo dia, mas Jesus é o sustento definitivo.

Resumindo: o Pão estava no deserto sobre o povo, e o povo murmurou pedindo pão para Moisés. Moisés pediu

O EVANGELHO ACABA COM A NOSSA RELIGIÃO 183

pão para o Pão, e o Pão alimentou o povo por quarenta anos com um pão que caia do céu. Agora o Pão estava diante do povo dizendo ter vindo do céu para alimentá-los para sempre, e os religiosos murmuravam dizendo que o Pão não era o Pão. Dá pra entender?

Jesus estava diante de um povo faminto, agora em outro deserto, o da vida, onde religião e o império andavam juntos, cobrando-lhes impostos e sacrifícios, tirando-lhes o pão e prometendo uma vida ilusória. Jesus estava oferecendo a única e verdadeira vida por meio do único e verdadeiro alimento. O império e a religião não estavam tirando do povo apenas o sustento, mas também a alegria, a liberdade, a segurança e o prazer de um relacionamento com Deus.

Com um olho no texto e outro na vida, vejo que o melhor lugar para o crescimento da religião e para o enriquecimento dos religiosos é um povo sem pão. A história dos grandes tiranos da terra sempre trouxe no seu rastro um povo subserviente, escravo e com pouco pão. Os tiranos da religião não são diferentes, aliás, são especialistas no assunto. No Brasil, a pregação da prosperidade sempre atraiu milhões de pessoas. Essas pessoas apenas são atraídas quando lhes é oferecido o que elas não têm: pão. De toda espécie.

É inegável que Deus nos abençoa, supre o que necessitamos, multiplica pães e peixes, alimenta-nos milagrosamente. Deus é bom e cuida dos seus. O problema não é crer que Deus pode fazer alguém prosperar; o problema é fazer alguém escravo de um tirano ao prometer-lhe pão enquanto

184 DIÁLOGOS COM JESUS

lhe ensina que a honra é de "um Moisés" (seu líder) e que o importante é ter muito. Nesse processo, Deus é mero coadjuvante.

Olhando para a religião desse tipo nos dias de hoje, percebo que é sempre bom ter um povo precisando de pão. E esse povo alimenta a religião, pois alimentam uma casta esperando em troca a bênção que lhes foi proposta.

Nesse diálogo, Jesus cita Isaías, quando o profeta fala sobre o futuro redimido de Sião: "Todos os seus filhos serão ensinados pelo Senhor, e será grande a paz de seus filhos" (Is 54:13). Os filhos de Sião seriam ensinados pelo Senhor, voltariam seus ouvidos a ele e viveriam em paz. Essa profecia parece indicar que nem todos dariam ouvidos a Deus, e Jesus responde: "Portanto, todo aquele que ouviu e aprendeu do Pai, esse vem a mim". Esses religiosos não ouviram nem aprenderam do Pai, caso contrário, estariam adorando a Cristo naquele momento, agradecendo a Deus, e não murmurando. A quem estamos ouvindo quando dizemos que ouvimos a Deus?

A verdade é que o ser humano gosta de ouvir aquilo que deseja. É difícil admitir, mas talvez nos acostumamos a ouvir somente o que nos é conveniente e nos agrada. E a religião é ótima para isso, nela ouvimos o que queremos, porque quem fala está interessado em dizer o que não nos agride para que todos saiam satisfeitos e a roda da religião, patrocinada por nós, siga girando. Paulo adverte seu discípulo Timóteo, pastor em Éfeso, a continuar a pregar o evangelho, mesmo que os ouvidos dos homens se fechem à verdade:

O EVANGELHO ACABA COM A NOSSA RELIGIÃO 185

Diante de Deus e de Cristo Jesus, que há de julgar vivos e mortos, pela sua manifestação e pelo seu Reino, peço a você com insistência que pregue a palavra, insista, quer seja oportuno, quer não, corrija, repreenda, exorte com toda a paciência e doutrina. Pois virá o tempo em que não suportarão a sã doutrina; pelo contrário, se rodearão de mestres segundo as suas próprias cobiças, como que sentindo coceira nos ouvidos. Eles se recusarão a dar ouvidos à verdade, entregando-se às fábulas. Mas você seja sóbrio em todas as coisas, suporte as aflições, faça o trabalho de um evangelista, cumpra plenamente o seu ministério (2Tm 4:1-4).

Estamos vivendo dias como esses descritos pelo apóstolo Paulo. Mas há um caminho estreito, porém aberto, por onde muita gente tem passado rumo ao evangelho. A grande maioria talvez não tenha essa consciência, mas todos que ouvirem o Pai serão libertos da religião.

Por fim, em sua resposta, Jesus escandaliza os fariseus dizendo que sua carne é a verdadeira comida, e seu sangue, verdadeira bebida —somente tem vida aquele que come de sua carne e bebe de seu sangue. Essa declaração gera uma acirrada discussão entre os judeus, que interpretam literalmente as palavras do Mestre. Mas o fato é que somos o povo da mesa, o povo da ceia, pecadores que encontraram misericórdia e receberam assento na mesa do Cordeiro. Quando Jesus tomou o pão e disse: "Isto é o meu corpo", depois tomou o cálice, dizendo: "Isto é o meu sangue", ele estava dizendo que o que nos alimentaria e nos manteria vivos eternamente seria o seu sacrifício. Vivemos a partir do sacrifício, e somos alimentados por uma verdade eterna: o Cordeiro crucificado desde a fundação do mundo (Ap 13:8), o motivo de vivermos.

O sacrifício definitivo é o fim da existência dos demais sacrifícios. O templo e o sistema sacrificial, naquele momento, também significavam a manutenção da casta sacerdotal e de todos os negócios mantidos por ela. Fico imaginando como seria nos dias de hoje: as barracas com vendas de animais, o transporte de animais, carros, pastores no campo, a criação de animais para o sacrifício, a acomodação de animais em dias de festa, apriscos, estoque, o câmbio da moeda, a bolsa de valores dos animais sacrificados... Tudo funcionava segundo regras comerciais: o valor do animal no início e no fim do dia, o esquema de oferta e procura, o aluguel de espaço comercial junto aos saduceus, o mercado das taxas para os vendedores, e assim por diante. A concorrência pelas barracas era grande, sendo que o valor de cada ponto variava: quanto mais perto das portas da cidade, mais baratos os animais; quanto mais próximo do templo, mais caros, pois a distância para o lugar santo seria menor. Enfim, levando em conta todo o conjunto de interesses, é de se imaginar a preocupação dos benificiários do sistema: se o sacrifício e o templo acabassem, a roda em torno da religião sucumbiria, e a rede mercantil se desfaria.

O sacrifício foi instituído pelo Senhor, e o mandamento foi dado a Moisés e ao povo. Esse ato era símbolo de um verdadeiro sacrifício que estaria a caminho. Com o advento de Cristo, o povo deveria entender que Jesus era o Cordeiro definitivo, o sacrifício derradeiro que traria o perdão e a paz com Deus. Para todos aqueles que ouvem e aprendem do Pai, esse entendimento é imediato; para a religião, não é imediato, tampouco possível.

É por isso que a religião evangélica, em grande parte, escolheu o Antigo Testamento como base de seu florescimento e ramificações. É conveniente preservar um lugar em que Cristo não está e onde não se espera por nenhum sacrifício definitivo. O lugar onde o povo que precisa de pão continua a sacrificar, sacrificar e sacrificar para obter a graça de Deus. No Antigo Testamento, pago pelo que nunca vou ter; no evangelho, tenho eternamente o que nunca poderei pagar. Por isso somos gratos e vivemos em comunhão e adoração, pois ele se fez sacrifício por nós, e nós não conseguimos viver de outra maneira a não ser devotados e entregues aos seus pés. Não conseguimos voltar a ser o que éramos; queremos uma nova vida à imagem dele, e tudo que fazemos, fazemos por amor e gratidão, porque ele se fez sacrifício. Nosso sacrifício é viver uma vida santa por amor a Deus; essa é a lógica do nosso culto e de nossa vida. Nossa ética é nosso louvor. Transformação do ser é o nome do jogo.

O que nos alimenta é seu corpo e seu sangue. O que deve nos fazer levantar da cama todo dia como filhos de Deus não são nossos objetivos de conquista a nossa frente, mas o sacrifício de valor eterno que foi feito lá atrás. Nossa esperança não está no que Deus vai fazer por nós, mas no que ele já fez na cruz. Por isso não fazemos sacrifícios financeiros para que ele nos abençoe; antes, repartimos o pão voluntariamente como ele repartiu, porque ele já nos abençoou. Também não o louvaremos apenas no dia em que ele nos der aquilo de que precisamos; vivemos em adoração porque ele já nos deu na cruz tudo de que precisávamos para viver. Por isso vivemos em paz, sem ansiedade pelo dia de amanhã: o Pai já nos deu o Pão.

DIÁLOGO 19
ODRES NOVOS E ODRES VELHOS (MC 2:18-22)

[18]Ora, os discípulos de João e os fariseus estavam jejuando. Algumas pessoas foram perguntar a Jesus:

— Por que os discípulos de João e os discípulos dos fariseus jejuam, mas os seus discípulos não jejuam?

[19]Jesus respondeu:

— Como podem os convidados para o casamento jejuar enquanto o noivo está com eles? Durante o tempo em que o noivo estiver presente, não podem jejuar. [20]No entanto, virão dias em que o noivo lhes será tirado, e então, naquele dia, eles vão jejuar. [21]Ninguém costura um remendo de pano novo em roupa velha; porque o remendo novo tira um pedaço da roupa velha, e o buraco fica ainda maior. [22]E ninguém põe vinho novo em odres velhos, porque, se fizer isso, o vinho romperá os odres e se perdem tanto o vinho como os odres. Mas põe-se vinho novo em odres novos.

. . . .

O EVANGELHO ACABA COM A NOSSA RELIGIÃO 189.

Como vimos no diálogo anterior, religiosos blasfemam, murmuram e não sabem que a sua religião não suportará a força do evangelho do reino no coração das pessoas. Nesse diálogo, os fariseus buscam reforços e se unem aos discípulos de João, algo no mínimo interessante.[13] Os discípulos de João ouviram-no declarar que Jesus era o Cordeiro de Deus que tiraria o pecado do mundo. Mesmo assim, antes de ser decapitado, João teve dúvidas se Jesus era mesmo o Messias esperado (Mt 11:1-6), mas Jesus o tranquiliza ao dizer que o reino dos céus havia chegado. João, primo de Jesus, dava testemunho de Cristo. Então como os fariseus conseguiram seduzir discípulos de João a fim de juntos indagar Jesus sobre o jejum?

É comum alguém precisar de um reforço em seu argumento diante dos outros e lançar mão de amigos ou de gente mais gabaritada para dar mais peso ao que julga importante. Se o filho tenta convencer o pai a comprar-lhe uma nova bicicleta, é uma coisa; se a mãe também reforça o pedido, é outra; se, de repente, a avó vai e conversa com o pai, a coisa fica mais difícil de ser evitada. O pai acabará comprando a bendita bicicleta. Por isso o filho fala com a mãe, com a avó, com os tios e com quem mais possa reforçar seu pedido.

Os saduceus não gostavam de João Batista, pois ele era filho do sacerdote Zacarias, ou seja, vinha de uma linhagem

---

[13]De acordo com o relato de Mateus acerca do mesmo episódio, são os discípulos do próprio João Batista que interrogam Jesus: "Vieram, depois, os discípulos de João e perguntaram a Jesus: 'Por que nós e os fariseus jejuamos muitas vezes, mas os seus discípulos não jejuam?' (Mt 9:14).

sacerdotal. Seu lugar era no templo, mas com certeza João não compartilhava das ideias dos saduceus, tampouco concordava com as negociatas que faziam e com a hipocrisia praticada. João era a voz que o profeta Isaías (Is 40:3) disse que clamaria no deserto. Ele era o anunciador do reino. João batizava pessoas que se arrependiam de seus pecados e esperavam o novo Rei. Isso era uma afronta ao sistema de sacrifícios do templo. Quem se arrependesse de um pecado deveria ir ao templo e oferecer um sacrifício para alcançar o perdão. Não havia na lei nada sobre batismo por arrependimento. João estava acabando com o sistema sacrificial, pois muitos iam a ele no deserto para ser batizados.

No décimo quinto ano do reinado de Tibério César, sendo Pôncio Pilatos governador da Judeia, Herodes, tetrarca da Galileia, seu irmão Filipe, tetrarca da região da Itureia e Traconites, e Lisânias, tetrarca de Abilene, sendo sumos sacerdotes Anás e Caifás, a palavra de Deus veio a João, filho de Zacarias, no deserto (Lc 3:1-2).

Lucas escreve ao seu amigo Teófilo e menciona quem eram os governantes e os sumos sacerdotes da época, mas deixa claro que a palavra de Deus estava com João no deserto. Deus não seria encontrado no eixo religião-império, tampouco no templo. Deus não é refém da religião; ele habita em corações arrependidos, por isso estava com João no deserto, e não em um santuário suntuoso.

O EVANGELHO ACABA COM A NOSSA RELIGIÃO 191

Os fariseus não tinham muita amizade com os saduceus, pois eram partidos opostos. Fariseus tinham mais peso nas sinagogas, e os saduceus comandavam o templo. Fariseus não indicavam sacerdotes; os saduceus, sim. Não sabemos que tipo de conversa fiada esses fariseus lançaram sobre os discípulos de João, nem se eram discípulos dos mais próximos a João. O fato é que alguns fariseus convenceram alguns discípulos de João e formaram um grupo para indagar a Jesus sobre o jejum. Talvez os fariseus pensassem que, se Jesus visse que até os discípulos de João tinham dúvidas sobre ele, isso pesaria a favor deles e o intimidaria.

Nessa ocasião, o diálogo girou em torno do jejum. A pergunta era: Por que os discípulos de Jesus não jejuavam, uma vez que até os seguidores de João e dos fariseus jejuavam? O jejum aparece na lei como "afligir a alma" (Sl 69:10, ARC) e está realmente estabelecido em Levítico 16:29-31; 23:26-33 e Números 29:7-11. No Dia da Expiação, todos deveriam jejuar. Além desse dia, não há outro mandamento sobre o jejum, mas o Antigo Testamento relata inúmeras vezes em que, em situação de aflição, a nação foi conclamada a buscar a Deus com jejuns. Por exemplo:

• Ester conclamou os judeus de Susã a jejuar quando ela esteve diante de Assuero (Et 4:16);

• Davi jejuou enquanto orava pela cura do filho de Bate-Seba (2Sm 12:16);

• Daniel jejuou e recebeu revelações sobre o futuro do povo de Deus (Dn 9:3).

Jesus também jejuou em consagração a Deus no período em que foi tentado no deserto. O jejum sempre foi sinônimo de contrição, arrependimento, luto ou perigo; por vezes, a pessoa que jejuava rasgava suas vestes e se sentava sobre cinzas em sinal de humilhação. Um desenvolvimento tardio do jejum, na época do segundo templo, fez com que, por tradição, outras datas fossem estabelecidas para o jejum na religião judaica.

Para nós, nesse contexto, o que importa era que Jesus estava sendo acusado de não incentivar essa prática entre seus discípulos. A resposta de Jesus busca esclarecer que o objetivo do jejum não é cumprir uma obrigação, mas atender a uma necessidade espiritual específica. A prioridade dos discípulos no presente momento era usufruir da presença de Jesus até que viesse o tempo em que, sim, precisariam jejuar. Isso traz à tona o verdadeiro sentido do jejum: se alguém estivesse contrito, precisaria de Deus; se estivesse arrependido, precisaria da misericórdia de Deus; se estivesse de luto ou triste, precisaria do consolo de Deus; se estivesse em dúvida em meio ao perigo, necessitaria da direção de Deus e de sua força. Todas essas situações eram bons motivos para jejuar e buscar a Deus. É como se Jesus dissesse: "Eu já estou aqui, eles não precisam me buscar. Quando ficarem sós, eles vão jejuar".

Para muitos, o sentido do jejum nos dias atuais é troca e barganha; uma greve de fome serviria para tocar o coração de Deus para que ele responda ao pedido do fiel. Mas jejuar é sobre ter vontade de comunhão com Deus; é querer se

O EVANGELHO ACABA COM A NOSSA RELIGIÃO 193

alimentar dele e de nada mais. Jesus estava presente, então o perdão, a graça, a misericórdia, o conselho, a sabedoria e a sua direção estavam ali, junto aos seus discípulos. O Emanuel ("Deus conosco") estava presente.

Os religiosos deveriam entender que estavam diante do Deus em carne e que perguntar a ele se seus discípulos deveriam jejuar não fazia sentido.

A religião tem um problema com a presença de Deus. Como sua espiritualidade gira em torno de sacrifícios e ritos, de métodos e cerimônias, obviamente a presença de Deus é sempre instável. Na religião, de acordo com a música, com o tipo de oração, a data ou a unção do pregador, a presença de Deus é mais forte ou mais fraca. De acordo com o valor da oferta ou do tamanho do sacrifício, Deus descerá mais intensamente sobre o fiel ou não. A ideia de o Emanuel habitar em nós por seu espírito, é terrível para a religião. Quando Deus está em uma pessoa, a religião não pode comercializar sua presença. Gente liberta pelo evangelho nunca será sequestrada por esses movimentos de invocação a Deus, afinal, não precisamos invocar o que já está em nós. Isso não invalida o fato de que nos consagramos e jejuamos ainda hoje, mas nunca com o pensamento de que estamos sem Deus ou de que ele depende de um movimento ritualístico para fazer sua aparição.

Mas o diálogo não acaba aqui; Jesus tinha ainda mais uma observação, algo infinitamente mais relevante do que o jejum: a vida em Cristo. Na continuação de sua resposta, Jesus usa uma dupla comparação para expor o que representa

194 DIÁLOGOS COM JESUS

a vinda do reino em termos de transformação radical de paradigmas:

Ninguém costura um remendo de pano novo em roupa velha; porque o remendo novo tira um pedaço da roupa velha, e o buraco fica ainda maior. E ninguém põe vinho novo em odres velhos, porque, se fizer isso, o vinho romperá os odres e se perdem tanto o vinho como os odres. Mas põe-se vinho novo em odres novos (Mc 2:21-22).

Essa pequena parábola é talvez a razão de tudo que você encontra neste pequeno livro. Com um olho no texto e outro na vida, um dia entendi o evangelho: ele não cabia mais dentro dos moldes em que eu cria; alguma coisa precisaria acontecer cujo impacto fosse grande. O evangelho estava destruindo minha religião. Assim, tudo que escrevo aqui é fruto de reflexões nesses diálogos, bem como da experiência de conviver com situações semelhantes às descritas nessas conversas.

Um tecido velho não pode ser remendado com um novo, pois, na primeira lavagem, o tecido novo tende a encolher, romper o velho e aumentar o rasgo. Da mesma forma, um vinho novo ainda vai passar pelo processo de fermentação e liberar gás carbônico. É preciso um odre (geralmente eram feitos de couro de animais) novo, com elasticidade para se expandir na fermentação, caso contrário, o odre velho e ressecado não suportaria a fermentação e se romperia.

Assim é o evangelho do reino: um vinho novo no odre da religião vai se movimentar na liberdade do reino e a religião não vai suportar. Quando uma pessoa entende o reino de Deus na pessoa de Cristo, e sua existência passa a ser dirigida pelo amor e pela graça, pela cruz, pelo serviço e pela missão, ela entende o novo nascimento e torna-se impossível permanecer em um ambiente religioso. Tenho encontrado pessoas que passaram por essa experiência, algo que eu também vivenciei. Sei e ouço cada uma delas dizer: "era impossível permanecer ali". Não importa o quanto vai custar, é impossível permanecer em um odre velho; não há espaço para expansão, há somente um gabarito de reprodução.

A religião funciona com o condicionamento de indivíduos, ela cria os gabaritos e os moldes nos quais pessoas se encaixam e se sentem bem cumprindo rituais cerimoniais. Elas se sentem bem, felizes, satisfeitas, emocionam-se, até choram e dizem sentir Deus. O importante do gabarito é que ele pode ser reproduzido, copiado. Um gabarito permite fazer uma comunidade padrão e suas cópias — franquias onde o sabor do hambúrguer sempre será o mesmo. Se alguém vai até ali, sabe o que procura e sabe o que vai encontrar. Era impossível condicionar, engaiolar ou copiar Jesus, ninguém poderia prever seu movimento. Você se lembra do diálogo com Nicodemos? *"O vento sopra onde quer, você ouve o barulho que ele faz, mas não sabe de onde ele vem, nem para onde vai; assim é todo o que é nascido do Espírito"* (Jo 3:8).

Não se pode encaixotar vento, o que é uma ameaça muito grande para a religião. Gente que pensa, que reflete, que lê o evangelho e é liberta é o terror da religião. É um fiel fora da "visão", um rebelde que não se enquadra no esquema; ou ele aceita o padrão, ou sai da comunidade, pois, se suas ideias se proliferarem, o odre vai romper.

Até hoje, os religiosos não perceberam que a religião foi destruída e o templo, reconstruído em três dias; que o sacrifício acabou; que o sábado perdeu seu valor; que o sacerdote não tinha mais função. Que o odre velho se rompeu.

DIÁLOGO 20
O PASTOR, AS OVELHAS E OS LOBOS (JO 10:19-38)

Esta passagem nos ajuda a entender como Cristo e a religião enxergam as ovelhas. Vamos perceber que, se Cristo dá a vida pelas ovelhas, na religião, as ovelhas dão a vida para os lobos. Perceba as palavras de Jesus antes do diálogo.

Em verdade, em verdade lhes digo: quem não entra no curral das ovelhas pela porta, mas sobe por outro lugar, esse é ladrão e salteador. Aquele, porém, que entra pela porta, esse é o pastor das ovelhas. Para este o porteiro abre, as ovelhas ouvem a sua voz, ele chama as suas próprias ovelhas pelo nome e as conduz para fora. Depois de levar para fora todas as que lhe pertencem, vai na frente delas, e elas o seguem, porque reconhecem a voz dele. Mas de modo nenhum seguirão o estranho; pelo contrário, fugirão dele, porque não conhecem a voz dos estranhos. Jesus fez esta comparação, mas eles não compreenderam o sentido daquilo que ele falava. Então Jesus disse mais uma vez:

— Em verdade, em verdade lhes digo que eu sou a porta das ovelhas. Todos os que vieram antes de mim são ladrões e salteadores, mas as ovelhas não lhes deram ouvidos. Eu sou a porta. Se alguém entrar por mim, será salvo; entrará, sairá e achará pastagem. O ladrão vem somente para roubar, matar e destruir; eu vim para que tenham vida e a tenham em abundância (Jo 10:1-10).

Quem não entra pela porta é ladrão e salteador. O pastor entra pela porta do aprisco, não precisa de uma entrada alternativa. A porta de acesso ao coração do povo é Cristo, a porta das ovelhas. Isso tem forte implicação para o ministério pastoral hoje, ou seja, um pastor só pode ter acesso às ovelhas pelo evangelho do reino; não é possível chegar a elas de outra maneira. Quem chega às ovelhas com um ensino que não o evangelho está entrando no aprisco por outro caminho; é um ladrão que vai roubá-las. A religião chega ao coração das pessoas com doutrinas antagônicas ao reino de Deus, ensinadas pelos que desprezam o sacrifício da cruz e dizem o que a carne gosta de ouvir. Pobres ovelhas, tão dóceis e crédulas! Para a religião, ovelhas são cifrões e lucro.

Eu sou o bom pastor. O bom pastor dá a vida pelas ovelhas. O mercenário, que não é pastor, a quem não pertencem as ovelhas, vê o lobo chegando, abandona as ovelhas e foge; então o lobo as arrebata e dispersa. O mercenário foge, porque é mercenário e não se importa com as ovelhas. Eu sou o bom pastor. Conheço as minhas ovelhas, e elas me conhecem, assim como o Pai me conhece, e eu conheço o Pai; e dou a minha vida pelas ovelhas. Ainda tenho outras ovelhas, não deste aprisco. Preciso trazer também estas. Elas ouvirão a minha voz e, então, haverá um só rebanho e um só pastor. Por isso, o Pai me ama, porque eu dou a minha vida para recebê-la outra vez. Ninguém tira a minha vida; pelo contrário, eu espontaneamente a dou. Tenho autoridade para entregá-la e também para reavê-la. Este mandato recebi de meu Pai (Jo 10:11-18).

Como bom pastor, Jesus dá a sua vida pelas ovelhas. O mercenário, não: ele se apropria das ovelhas e, se elas estiverem em perigo, as deixa para trás e foge, deixando os lobos livres para abocanhá-las. Mercenários e lobos são iguais; ambos são devoradores, fazem das ovelhas seu alimento; ambos são covardes, o mercenário que foge de lobos, e os lobos que atacam ovelhas, que são mais fracas. Jesus teve compaixão de todo o povo, mesmo dos publicanos, das meretrizes, dos ladrões ou dos samaritanos. Jesus sempre ofereceu misericórdia, mas sempre foi severo e duro com religiosos. Não há conversa amistosa com ladrões e lobos. Quem poupa o lobo sacrifica a ovelha.

Aqui começa o diálogo:

· · · · · · · · · · · · · · · · ·

[19]Por causa dessas palavras, houve nova divisão entre os judeus. [20]Muitos deles diziam:

— Ele tem demônio e enlouqueceu. Por que vocês ouvem o que ele diz?

[21]Outros diziam:

— Este modo de falar não é de endemoniado. Será que um demônio pode abrir os olhos aos cegos?

O EVANGELHO ACABA COM A NOSSA RELIGIÃO 199

²²Celebrava-se em Jerusalém a Festa da Dedicação. Era inverno. ²³Jesus passeava no templo, no Pórtico de Salomão. ²⁴Então os judeus o rodearam e disseram:

— Até quando você nos deixará nesse suspense? Se você é o Cristo, diga francamente.

. . . .

Os religiosos se ofenderam com as palavras de Jesus. Algo os afetou de forma muito contundente, e houve discussão entre o povo e os religiosos; enquanto os religiosos diziam que Jesus tinha demônio, o povo dizia que um endemoniado não poderia fazer milagres. O povo se admirava e os religiosos praguejavam.

Jesus se apresentou como a porta, depois como o Bom Pastor, e agora como o Bom Pastor que dá a sua própria vida e tem o poder de reavê-la. Religiosos têm seus próprios caminhos inegociáveis; abrem suas próprias portas e jamais se entregam a uma ovelha.

O que percebi é que a instituição religiosa vive alimentada por seus fiéis, por suas ovelhas. A manutenção da instituição é a razão de sacrificá-las. E as ovelhas aprendem que a suntuosidade da instituição é o seu orgulho, criando um sentimento de militância ou de torcida organizada que as une ao coração dos mercenários. Nesse caso, se algo for dito contra o líder ou contra a instituição, um exército de ovelhas iradas sairá em defesa do império. O líder tem lã, carne de ovelha e um exército cego disposto a defendê-lo.

200 DIÁLOGOS COM JESUS

Já o reino de Deus propõe uma irmandade sob o mesmo Pai, todos comprados pelo sacrifício do Cordeiro, onde todos são servos, a começar pelos líderes, chamados para servir ao rebanho que não lhes pertence, mas pertence ao Pai (1Pe 5:1-4). No reino, a vida dos líderes é dedicada às ovelhas. O Cordeiro não se alimenta delas, pelo contrário, as alimenta. O Cordeiro vocaciona pessoas e as chama para participar na sua missão de servir; a comunidade é um organismo vivo, um corpo cujo cabeça é Cristo, e todo corpo unido adora ao Cordeiro. Sem projetos imperialistas institucionais, sem orgulho de militância ou de torcida organizada, apenas a gratidão pela graça e o prazer de servir uns aos outros.

Por isso, no dia da festa, os religiosos cercam Jesus no Pórtico de Salomão e perguntam se ele é de fato o Cristo.

. . . .

[25]Jesus respondeu:

— Já falei, mas vocês não acreditam. As obras que eu faço em nome do meu Pai dão testemunho de mim. [26]Mas vocês não creem, porque não são das minhas ovelhas. [27]As minhas ovelhas ouvem a minha voz; eu as conheço, e elas me seguem. [28]Eu lhes dou a vida eterna; jamais perecerão, e ninguém as arrebatará da minha mão. [29]Aquilo que meu Pai me deu é maior do que tudo, e da mão do Pai ninguém pode arrebatar. [30]Eu e o Pai somos um.

. . . .

As obras de Cristo nunca seriam suficientes. Como diz o ditado: "O pior cego é aquele que não quer ver". Assim eram os religiosos; por mais que Jesus desse sinais, obras e sermões, nunca acreditavam nele. Jesus não cabia na religião desses homens: os odres romperiam, muita coisa iria mudar, quase tudo iria se romper se Jesus fosse recebido na religião do judaísmo tardio do primeiro século.

Mas a revelação mais importante nesse diálogo é o fato de que somente as ovelhas de Jesus ouvem a sua voz. Jesus declara que esses homens, seus interlocutores, não eram parte do seu rebanho. As ovelhas haviam sido dadas a Jesus pelo Pai, mas esses religiosos que entravam por outra porta nada tinham a ver com a fé no verdadeiro Deus encarnado.

Nem todo o que me diz: "Senhor, Senhor!" entrará no Reino dos Céus, mas aquele que faz a vontade de meu Pai, que está nos céus. Muitos, naquele dia, vão me dizer: "Senhor, Senhor, nós não profetizamos em seu nome? E em seu nome não expulsamos demônios? E em seu nome não fizemos muitos milagres?" Então lhes direi claramente: "Eu nunca conheci vocês. Afastem-se de mim, vocês que praticam o mal" (Mt 7:21-23).

Temos a tendência de confundir os filhos de Deus com os filhos da religião e de confundir discípulos de Jesus com mercenários. Isso acontece porque a palavra "religião" pode ter o sentido de gente de fé, mas nem sempre é assim. O próprio Jesus, nesse texto, diz que muitos líderes demonstrariam

202 DIÁLOGOS COM JESUS

sinais e os usariam como prova de que Deus estaria com eles. Na verdade, Deus sempre estará com suas ovelhas, independentemente dos líderes. Deus cuida de seu povo, e somente ele tem poder para fazer sinais. Líderes mercenários querem colocar os sinais em seus próprios currículos, mas Jesus lhes dirá claramente que nunca os conheceu, pois praticavam o mal.

E o diálogo prossegue:

. . . .

[31]Os judeus mais uma vez pegaram pedras com a intenção de apedrejá-lo. [32]Mas Jesus lhes disse:

— Tenho mostrado a vocês muitas obras boas da parte do Pai. Por qual delas querem me apedrejar?

[33]Os judeus responderam:

— Não é por obra boa que queremos apedrejá-lo, e sim por causa da blasfêmia. Pois, sendo você apenas um homem, está se fazendo de Deus.

[34]Jesus disse:

— Não está escrito na Lei de vocês: "Eu disse: vocês são deuses"? [35]Se ele chamou deuses àqueles a quem foi dirigida a palavra de Deus — e a Escritura não pode falhar, [36]então como vocês dizem que aquele que o Pai santificou e enviou ao mundo está blasfemando, só porque declarei que sou Filho de Deus? [37]Se não faço as obras do meu Pai, não acreditem em mim. [38]Mas, se faço, e vocês não creem em mim, creiam pelo menos nas obras, para que vocês

O EVANGELHO ACABA COM A NOSSA RELIGIÃO   203

possam saber e compreender que o Pai está em mim
e que eu estou no Pai.

. . . .

Os religiosos, claro, queriam fazer o que estava escrito na lei:
"Aquele que blasfemar contra o nome do Senhor será morto;
toda a congregação o apedrejará. Tanto o estrangeiro como o
natural da terra, blasfemando contra o nome do Senhor, será
morto" (Lv 24:16). Mas Jesus lembra-lhes de algo muito importante: "Eu disse: 'Vocês são deuses; todos vocês são filhos
do Altíssimo" (Sl 82:6).
Jesus lembra esse salmo aos religiosos. O termo usado
por Asafe, vindo da parte de Deus e aceito pela interpretação judaica, é *Elohim*, ou seja, "deuses". O sentido dessa
metáfora é de que todo o povo de Deus é gerado por Deus;
todos são filhos de Deus, de um mesmo Pai, e reproduzem
o amor e manifestam a graça do Pai por onde quer que pas-
sem. Seria plausível que um religioso desejasse cumprir a lei
do apedrejamento diante de um homem carnal que blasfe-
masse se dizendo Deus. O que não é cabível é o fato de um
intérprete da lei, que deveria conhecer o amor de Deus, ver
um outro ser humano cheio de Deus, ou o próprio Deus
em carne, e chamá-lo de demônio, ou pegar em pedras para
apedrejar o Filho de Deus como blasfemo. Esses religiosos
não eram filhos de Deus, não se enquadravam nessa cate-
goria.
Muitas pessoas que assistiram à série "Diálogos de Jesus" no YouTube e viveram na pele as investidas da religião

204 DIÁLOGOS COM JESUS

contra si me procuram dizendo que eu havia contado a vida delas como se fosse um vidente. Eu apenas explico que esse movimento contra o reino é milenar e que a religião é o que é há séculos. Os religiosos são diabos que sempre agem da mesma forma; não é preciso uma bola de cristal para antever seus movimentos. No entanto, muitas me procuram perguntando se a condição dos religiosos é imutável. Essas pessoas se encontraram com o evangelho e se viram dentro de uma instituição religiosa sem Deus, entre evangélicos sem o evangelho, cristãos sem Cristo. Por isso querem saber se não podem iniciar um movimento dentro dessas instituições a fim de mudá-las. Querem despertar seus líderes a voltar ao evangelho. Essa é uma situação difícil: O quanto se deve lutar? Até quando se deve tentar? Há esperança de mudar o rumo de uma comunidade? Não sei.

O que sei é que o Senhor conduz cada um. Cada pessoa tem uma história, uma vocação e um chamado, e cada comunidade tem seu rumo, seus líderes e sua história. A única coisa que aprendi é que devo orar para que Deus me dê discernimento e sabedoria para que eu não gaste tempo além do que devo insistindo em algo que não vai acontecer. E nem sofra desnecessariamente por alguém que não quer, nem vai mudar.

Então tentaram outra vez prendê-lo, mas ele se livrou das mãos deles. Novamente Jesus se retirou para além do Jordão, para o lugar onde João batizava no início; e ali permaneceu. E muitos iam até ele e diziam: "João não fez nenhum sinal, mas

O EVANGELHO ACABA COM A NOSSA RELIGIÃO **205**

tudo o que ele disse a respeito deste homem era verdade". E naquele lugar muitos creram nele (Jo 10:39-42).

O evangelho veio para todos, mas nem todos serão do evangelho. O reino é apaixonante para os filhos do reino, mas sempre será rejeitado por quem quer construir seu próprio império. Ovelhas seguem pastores, e pastores prestarão contas a Deus. Sejamos ovelhas do Bom Pastor, e que Deus nos ajude a guiar ovelhas do verdadeiro aprisco a terem um encontro verdadeiro com Cristo.

DIÁLOGO 21
O BOM SAMARITANO (LC 10:25-37)

[25]E eis que certo homem, intérprete da Lei, se levantou com o objetivo de pôr Jesus à prova e lhe perguntou:

— Mestre, que farei para herdar a vida eterna?

[26]Então Jesus lhe perguntou:

— O que está escrito na Lei? Como você a entende?

[27]A isto ele respondeu:

— "Ame o Senhor, seu Deus, de todo o seu coração, de toda a sua alma, com todas as suas forças e todo o seu entendimento." E: "Ame o seu próximo como você ama a si mesmo."

[28]Então Jesus lhe disse:

— Você respondeu corretamente. Faça isto e você viverá.

206 DIÁLOGOS COM JESUS

²⁹Mas ele, querendo justificar-se, perguntou a Jesus:

— Quem é o meu próximo?

³⁰Jesus prosseguiu, dizendo:

— Um homem descia de Jerusalém para Jericó e caiu nas mãos de alguns ladrões. Estes, depois de lhe tirar a roupa e lhe causar muitos ferimentos, retiraram-se, deixando-o semimorto. ³¹Por casualidade, um sacerdote estava descendo por aquele mesmo caminho e, vendo aquele homem, passou de largo. ³²De igual modo, um levita descia por aquele lugar e, vendo-o, passou de largo. ³³Certo samaritano, que seguia o seu caminho, passou perto do homem e, vendo-o, compadeceu-se dele. ³⁴E, aproximando-se, fez curativos nos ferimentos dele, aplicando-lhes óleo e vinho. Depois, colocou aquele homem sobre o seu próprio animal, levou-o para uma hospedaria e tratou dele. ³⁵No dia seguinte, separou dois denários e os entregou ao hospedeiro, dizendo: "Cuide deste homem. E, se você gastar algo a mais, farei o reembolso quando eu voltar."

³⁶Então Jesus perguntou:

— Qual destes três lhe parece ter sido o próximo do homem que caiu nas mãos dos ladrões?

³⁷O intérprete da Lei respondeu:

— O que usou de misericórdia para com ele.

Então Jesus lhe disse:

— Vá e faça o mesmo.

· · · · · · · · · · · · · · · · · · ·

O EVANGELHO ACABA COM A NOSSA RELIGIÃO   207

Jesus está diante de um intérprete da lei, provavelmente um escriba ou um fariseu, pois a pergunta é sobre a vida eterna, e os saduceus não criam na ressurreição. Jesus o responde com outra pergunta: "Como você a entende a lei?". O religioso responde corretamente: "Ame o Senhor, seu Deus, de todo o seu coração, de toda a sua alma, com todas as suas forças e todo o seu entendimento. Ame o seu próximo como você ama a si mesmo". Pronto. Questão resolvida. O intérprete da lei sabia o que deveria fazer, bastava praticar a essência da lei. É fácil notar que religiosos conhecem a verdade, mas ela está só em sua cabeça, e não em seu coração. O intérprete da lei sabia a resposta, mas não a praticava.

Mais uma vez, Jesus está em um embate com um religioso, e a plateia espera o resultado do confronto. A resposta do intérprete da lei o deixava em apuros, pois dizer que era necessário amar a Deus acima de todas as coisas e ao próximo como a si mesmo faria com que os olhos de todos ao redor se voltassem para ele, como quem diz: "Nós sabemos como você trata o próximo". Algo terrível para o religioso é pregar a verdade: primeiro, porque sua boca pronunciará um juízo e uma sentença contra si mesmo; segundo, porque permite que o auditório cobre dele o que acabou de pregar.

Por isso o texto de Lucas diz que ele tentou se justificar perguntando a Jesus quem seria o seu próximo. Era como se o religioso dissesse: "Eu sei que devo amar o próximo, apenas não sei quem ele é". Uma desculpa esfarrapada, mas não menos capciosa. O religioso esperava que Jesus dissesse que o próximo de um judeu deveria ser outro judeu; no entanto, Jesus propõe uma parábola na qual fala sobre um samaritano.

A Parábola do Bom Samaritano é uma resposta sobre quem é o próximo; está dentro de uma discussão sobre a lei, e é a resposta que o religioso não queria ouvir. Um homem é atacado por ladrões que, depois de roubarem seus pertences, deixam-no semimorto. Na parábola de Jesus, por "coincidência" um sacerdote passou primeiramente por aquele lugar e deu a volta, deixando o pobre homem ali caído. Um pastor nunca deixaria uma ovelha nas mãos dos lobos, e, se a ovelha tivesse sido atacada, a socorreria, mas o mercenário abandona a ovelha. Na parábola de Jesus, um sacerdote, um homem do templo, "um homem de Deus", não se compadeceu daquele pobre homem caído. Por certo, essa atitude do sacerdote se dá em razão de não haver ninguém o observando, ninguém para quem tivesse de justificar sua condição de homem de fé. Nesse ponto, o intérprete da lei deve ter tremido por dentro, pois sua pergunta era uma tentativa de se justificar.

Religiosos são assim; adoram tocar as trombetas nas esquinas quando dão esmolas, gostam de fazer longas orações e ocupam os primeiros lugares nas sinagogas para serem vistos pelos homens. A religião é o reino das aparências. O que importa é se alguém está vendo o que se faz, e não por quem e por que. O sacerdote tinha seu ofício no templo, suas reuniões, seus relatórios a apresentar, sua escala a ser cumprida e sua tarefa que o esperava. Ele não poderia se atrasar. A

O EVANGELHO ACABA COM A NOSSA RELIGIÃO 209

máquina do templo precisava dele. Religiosos não pastoreiam pessoas, administram sistemas. Religiosos são gestores de métodos de multiplicação de ovelhas visando à multiplicação dos sacrifícios. Se uma das ovelhas for atacada, cair e morrer, amanhã a máquina de multiplicar ovelhas trará dezenas delas no lugar da que morreu.

Com um olho no texto e outro na vida, vejo a máquina da religião, que tem sempre um sacerdote na frente das câmeras com um ar de santo apascentador de ovelhas caídas. Isso atrai muitas ovelhas que, quando estiverem caídas, serão deixadas para trás — a não ser que haja uma câmera ligada, ou alguém gravando para postar nas redes sociais da igreja. Jesus estava dizendo que um religioso não sabia amar ao próximo como a si mesmo.

Logo depois, da mesma maneira a parábola diz que um levita passou pelo mesmo lugar e viu aquele pobre homem caído. Um levita é um descendente da tribo de Levi, a tribo do serviço sacerdotal. Ainda que não fosse o sacerdote, servia o povo de alguma forma, pois Levi não teve herança na terra; sua herança era o Senhor: "Por isso Levi não tem parte nem herança com os seus irmãos; o SENHOR é a sua herança, como o SENHOR, o Deus de vocês, lhe prometeu" (Dt 10:9). Os gersonitas, os coatitas e os meraritas descendiam dos levitas. Cada uma dessas famílias tinha um encargo na movimentação do tabernáculo nos dias da peregrinação do povo no deserto. Ser um levita era sinônimo de ser da obra de Deus. Contudo, o levita igualmente deixou o homem caído e se foi. Mais uma vez, Jesus está dizendo que um homem

210 DIÁLOGOS COM JESUS

da religião estava deixando de cumprir o preceito de "amar ao próximo como a si mesmo".

Agora vem a melhor parte. Um samaritano que seguia o seu caminho viu um homem caído e se aproximou, dando a entender que os dois religiosos viram o homem caído à sua frente e se desviaram; já o samaritano, odiado pelos judeus, viu um homem caído e deixou sua rota para socorrê-lo. O samaritano se compadeceu desse homem; o verbo usado por Jesus é *splagchnizomai*, que significa "mover-se das entranhas". Acreditava-se que compaixão era um sentimento do âmago do ser humano; o amor e a piedade vinham das entranhas. Esse verbo aparece algumas vezes no Novo Testamento e quase sempre se refere a um sentimento de Jesus pelas pessoas (Mt 9:36; 14:14; 15:32; 20:34; Mc 6:34; 8:2; Lc 7:13). A única exceção é essa parábola, quando o verbo grego diz respeito ao samaritano. Na verdade, é o sentimento de Deus, uma preocupação por aqueles que sofrem. Já os religiosos não sentem nada por ninguém. Jesus não nos chama para um projeto de expansão terrestre da religião, não nos chama para desenvolvermos um método de multiplicação de ovelhas, tampouco nos deixou um sistema a ser implantado. Apenas se compadeceu, em seu âmago, pelas ovelhas perdidas e caídas que encontrou.

Observe algo interessante na religião dos mercenários: ela busca sempre multiplicar ovelhas que possam multiplicar ovelhas que possam multiplicar ovelhas... Ela cria um sistema rotativo e produtivo que não pode ser interrompido; suas engrenagens são pessoas que trabalham pelo sistema em um regime de alta performance. Nesse caso, um homem caído é uma pedra na engrenagem. Pois, ao ver alguém nessa situação, é preciso parar, cuidar, dar tempo à recuperação; tempo gasto, dinheiro investido sem garantia de retorno. Cuidar de ovelhas caídas não é absolutamente o foco do sistema religioso, pois é um trabalho sem garantia de resultado. Para o sistema religioso, bom mesmo é gente que trabalha e produz sem dar trabalho, dentro da visão, sem criar problemas.

O reino de Deus funciona com o sentimento de Cristo em nós, com outra mente e outro coração. Nele, há valor onde ninguém dá valor; investe-se o tempo que ninguém quer perder, com gente que muitos acreditam não valer a pena. Esse sentimento de se compadecer nas entranhas e de agir pelo outro fez com que Cristo se apiedasse da nossa morte. Era um sentimento contrário ao que os judeus sentiam pelos samaritanos, e oposto também ao que os religiosos sentiam por um homem semimorto. O samaritano deixa seu caminho, desce do seu animal, carrega o homem ferido, paga sua hospedagem e promete voltar para acertar as contas, se necessário. Assim, o fim do diálogo reserva algo lindo para nossa compreensão:

Então Jesus perguntou:
— Qual destes três lhe parece ter sido o próximo do homem que caiu nas mãos dos ladrões?
O intérprete da Lei respondeu:
— O que usou de misericórdia para com ele.

Então Jesus lhe disse:

— Vá e faça o mesmo.

O intérprete da lei perguntou a Jesus quem era o próximo a quem deveria amar, mas Jesus lhe pergunta quem é o próximo daquele homem caído e que deveria tê-lo amado. A religião dá desculpas e explicações sobre quem deve e quem não deve ser amado, quem merece e quem não merece ser amado, a quem ela ajuda e quem ela abandona. Mas o servo de Deus não procura um próximo para amar: para um filho de Deus, qualquer um é o próximo a ser amado. Religiosos têm explicações para não amar pessoas excluídas. Quando o religioso vê alguém sofrendo, logo busca uma desculpa "espiritual" para dizer que tal pessoa está em pecado, amaldiçoada, é de outra religião ou fez uma opção de vida que desagrada a Deus, e logo se justifica para dizer que esse alguém não é seu próximo. A religião não compreende que todos nós estamos caídos no mundo de pecado e que todos igualmente somos dependentes da graça de Deus. O intérprete da lei perguntou quem seria o próximo a ser amado, e Jesus responde que ele deveria ser o próximo de quem precisa ser amado, como fez o samaritano, porque foi isso que Cristo fez.

A religião brada em alta voz "Deus acima de todos", pois se colocou como representante de Deus ou como o próprio Deus. Quando ela se coloca como peso que achata e oprime pessoas, simplesmente não ama ao próximo. Isso a tiraria da

O EVANGELHO ACABA COM A NOSSA RELIGIÃO 213

condição de tirana para a de serva, e o sistema religioso não nasceu para ser servo.

A quem você ama quando diz que ama a Deus? Quem você abençoa quando diz que ama o próximo?

UMA LONGA CONVERSA

CAPÍTULO 9

DIÁLOGO 22
O GRANDE DEBATE (JO 7.10—8.59)

OS CAPÍTULOS 7 E 8 DO EVANGELHO DE JOÃO RELATAM UM LONGO EMBATE DOS JUDEUS CONTRA JESUS. NÃO SEI QUANTAS VEZES VOCÊ PAROU PARA EXAMINAR esses diálogos de Jesus com fariseus, escribas e saduceus. Não sei se, em seus estudos, você já se deu conta de algo comum a todas as ocasiões em que alguma perseguição se levantou contra Jesus. Sempre que tentam impedir Jesus de prosseguir seu ministério, ou levantam dúvidas sobre sua autoridade, ou tentam desmerecer sua condição de Cristo, ou querem matá-lo — e de fato matam —, perceba que praticamente toda investida contra Jesus e sua missão se originava na religião.

Esse sistema contra Cristo está mais vivo do que nunca, e o pior é que não percebemos o quanto dele está entranhado em nosso modo de pensar e agir, o quanto dele está engendrado em nossa comunidade e em nossa eclesiologia. Não nos damos conta do quanto a morte ainda resiste na nossa igreja, onde dizemos que pregamos a vida. Vamos então caminhar por este debate tão conhecido.

DIÁLOGOS COM JESUS

¹⁰Depois que seus irmãos tinham ido à festa, Jesus também foi, não publicamente, mas em segredo. ¹¹Ora, os judeus o procuravam na festa e perguntavam:

— Onde estará ele?

¹²E havia grande murmuração a respeito de Jesus entre as multidões. Uns diziam:

— Ele é bom.

E outros afirmavam:

— Não, não é! Ele engana o povo.

¹³Entretanto, ninguém falava dele abertamente, por ter medo dos judeus. ¹⁴Quando a festa já estava na metade, Jesus foi ao templo e começou a ensinar. ¹⁵Então os judeus se maravilhavam e diziam:

— Como é que ele pode ser letrado, se não chegou a estudar?

¹⁶Jesus lhes respondeu:

— O meu ensino não é meu, mas daquele que me enviou. ¹⁷Se alguém quiser fazer a vontade de Deus, conhecerá a respeito da doutrina, se ela é de Deus ou se eu falo por mim mesmo. ¹⁸Quem fala por si mesmo está buscando a sua própria glória; mas o que busca a glória de quem o enviou, esse é verdadeiro, e nele não há falsidade. ¹⁹Não é fato que Moisés deu a Lei para vocês? Contudo, nenhum de vocês a cumpre. Por que estão querendo me matar?

Nesse diálogo, a dúvida gira em torno da formação "acadêmica" de Jesus. Ele não havia estudado com nenhum dos mestres conhecidos, nem era parte do grupo de jovens discípulos que seguiram seu estudo na lei de maneira formal. Os judeus se maravilhavam com os ensinamentos de Jesus no templo, mas, como não havia nenhuma informação sobre seus estudos, uns diziam que ele era bom; outros, que enganava o povo; e a discussão prosseguia. A resposta de Jesus a esse burburinho é muito clara: "Se alguém quiser fazer a vontade de Deus, saberá se a doutrina é de Deus ou se falo por mim mesmo".

Pessoas de Deus discernem a palavra de Deus, mas a religião dá crédito a um sistema. É interessante perceber como movimentos genuínos do Espírito Santo são rejeitados pela religião simplesmente por ela não ter controlado sua formação. Não quero dizer que a comunidade de fé e a espiritualidade não devem buscar na teologia um lugar seguro com valor inestimável. Não estou desmerecendo nossos métodos de ensino bíblico e sistemático; longe de negar o seu valor, reconheço que são importantíssimos. Mas o que tenho aprendido é que nossos sistemas sempre estarão sujeitos ao movimento de Deus. Nossa metodologia sempre seguirá uma demanda, e nunca o contrário.

Não criamos escolas para atrair alunos, e sim porque temos alunos. Não temos um método de discipulado para atrair gente, mas porque as temos e as amamos.

Há uma lógica de mercado que nos ensina que investimento em estrutura somado a um bom investimento de *marketing* gera a demanda. Talvez por isso muitas comunidades

218 DIÁLOGOS COM JESUS

e líderes vivam à procura de métodos que "funcionam", de sistemas que façam a obra crescer. De acordo com essa lógica, o movimento do Espírito só começa quando pressionamos a tecla iniciar; quando o projeto do líder se inicia. Aí, sim, Deus começaria a agir e atrair pessoas. Desse modo, o Espírito está a serviço do sistema, e não o contrário. Tenho muita dificuldade com sistemas e métodos pré-estabelecidos, fórmulas de reprodução de resultados. Parece-me que o ser humano tem uma especial atração por controle, o que naturalmente vem desde a Queda. Queremos sistematizar para reproduzir, abrir franquias... e Deus que se vire para se encaixar em nossos métodos! Na religião, Deus deve nos servir.

Na conclusão de sua resposta, Jesus diz que aqueles que não cumprem a lei são assassinos em potencial. Mas até aí, tudo bem, pois a religião convive bem com a morte e com a violência em nome de "deus" sem peso na consciência.

. . . .

[20]A multidão respondeu:

— Você tem demônio. Quem é que está querendo matá-lo?

[21]Jesus respondeu:

— Um só feito realizei, e todos vocês ficaram admirados. [22]Moisés lhes deu a circuncisão — se bem que ela não vem de Moisés, mas dos patriarcas —, e vocês fazem a circuncisão de um menino até mesmo no sábado. [23]E, se um menino pode ser circuncidado em dia de sábado, para que a Lei de Moisés não seja desrespeitada, por que vocês ficam indignados contra mim, pelo fato de eu ter curado por completo um homem num sábado? ²⁴Não julguem segundo a aparência, mas julguem pela reta justiça.

....

O que Jesus ensinava era bem claro e óbvio. Suas palavras faziam sentido, e qualquer pessoa que minimamente acreditasse em um Deus único e verdadeiro as acharia de bom senso. Era isso exatamente que acontecia no meio da multidão. Ali havia gente tocada pela graça e pelo amor (princípios fundamentais da lei) que estava sendo confundida pelo ódio e pela disputa pelo poder (princípios fundamentais da religião).

A lei era capaz de fazer um homem cheio de ódio recuar sua arma e não matar, pois previa punições; assim o infrator pesaria suas atitudes de um lado e as consequências de seus atos do outro, e talvez não cometesse o homicídio. Mas a lei não tinha o poder de transformar o ódio no coração em amor — ela conseguia mudar atitudes externas, mas nunca a essência de alguém. Por isso vemos tanta gente cometendo crimes terríveis às escondidas, pois o indivíduo não se importa com o que diz a lei, e sim em não ser visto. Há uma lei de ódio dentro do homem que as muitas regras não conseguem intimidar:

> Vocês ouviram o que foi dito aos antigos: "Não mate." E ainda: "Quem matar estará sujeito a julgamento." Eu, porém, lhes digo que todo aquele que se irar contra o seu irmão estará sujeito a julgamento; e quem insultar o seu irmão estará sujeito

a julgamento do tribunal; e quem o chamar de tolo estará sujeito ao inferno de fogo (Mt 5:21-22).

O reino de Deus é diferente do reino de Israel. Não basta não matar, é preciso amar. O evangelho produz em nós transformação e limpeza; esse é o novo nascimento, marcado por uma transformação de caráter. Então Jesus prossegue e dá o exemplo do sábado mais uma vez. Pela lei, religiosos podiam circuncidar um menino no sábado, mas criticavam Jesus por ter curado um homem no sábado?! Quem, de coração puro, faria uma interpretação dessas? Quem usaria a lei para impedir o bem? A religião. Por isso Jesus diz aos judeus que deveriam julgar pela reta justiça, e não pela aparência. Isso significa que os intérpretes da lei, os detentores do julgamento, praticavam uma justiça distorcida. A reta justiça está no evangelho, pois só essa mensagem é capaz de fazer um homem poderoso cair de joelhos, reconhecer seu pecado e se tornar um discípulo de Jesus. A religião, por sua vez, é capaz de fazer um pecador contumaz justificar seu pecado pela lei e tornar-se um religioso hipócrita.

Em nossos dias, é urgente compreendermos os caminhos da reta justiça a fim de sermos pacificadores, mansos, humildes de espírito, sempre com fome e sede de justiça, para sermos saciados e saciarmos os cansados. Há muita gente cansada da injustiça do sistema religioso; muitos procuram Cristo para lançar sobre ele seu jugo e receber um fardo leve, mas ainda não o encontraram.

UMA LONGA CONVERSA 221

. . . .

²⁵Alguns de Jerusalém diziam:

— Não é este o homem que estão querendo matar? ²⁶Eis que ele fala abertamente, e ninguém lhe diz nada. Será que as autoridades reconhecem de fato que este é o Cristo? ²⁷Mas nós sabemos de onde este homem vem. Quando, porém, o Cristo vier, ninguém saberá de onde ele é.

²⁸Enquanto ensinava no templo, Jesus disse em voz alta:

— Vocês não somente me conhecem, mas também sabem de onde eu sou. Eu não vim porque eu, de mim mesmo, o quisesse, mas aquele que me enviou é verdadeiro, aquele a quem vocês não conhecem. ²⁹Eu o conheço, porque venho da parte dele e ele me enviou.

. . . .

Algumas pessoas do povo estavam entendendo que Jesus era mesmo alguém diferente e que talvez fosse mesmo o Filho de Deus. Até indagavam se as autoridades judaicas reconheciam ser ele o Cristo que haveria de vir. A indagação do povo se dava pelo fato de que qualquer um que proferisse heresias seria expulso da sinagoga e da fé, e essa era a pior punição para um judeu. Era como ser expulso do povo, e assim se ver alijado dos escolhidos para a salvação. Mas Jesus continuava sendo contrário aos fariseus. Eles ficavam furiosos, ou porque não concordavam com Jesus, ou porque, não concordando, sequer tinham argumentos para refutá-lo (hipótese mais provável).

A única dúvida do povo é que Jesus era conhecido: sabiam que vinha da Galileia, tinha pai, mãe e irmãos. A crença corrente era que o Messias não teria uma origem determinada. Isso era um assunto controverso. A profecia de Miqueias 5:2, que dizia que o rei que viria para reinar eternamente sairia de Belém Efrata, não era tida por todos os intérpretes como uma alusão ao Messias.

A resposta de Jesus é avassaladora. É como se dissesse que o problema não era conhecer ou não conhecer o Messias e sua origem, mas não conhecer o Pai, o verdadeiro Deus que o enviara. Se não conhecessem Deus, o Pai, a verdadeira origem do Cristo, nunca reconheceriam o seu enviado, mesmo que estivesse em carne diante deles. Essa é uma marca das pessoas formadas em um sistema de crenças puramente religiosas. Elas sabem todas as regras, teorias, doutrinas, visões denominacionais, a origem e a razão de cada rito que praticam, mas não conseguem identificar movimentos originados genuinamente no Espírito. Por isso esses homens eram capazes de se ver diante do Deus encarnado e ainda assim afirmar que ele não vinha de Deus. É um absurdo, mas para a religião isso parece fazer sentido.

Lembre-se: a religião não precisa de um Deus para existir, ela existe por si só. Todo movimento de espiritualidade que ensina não precisa necessariamente partir de Deus; as origens são as mais diversas, desde ensinos humanos, passando por achismos, até revelações esdrúxulas de líderes. Se, quando pensamos em Deus, pensamos em qualquer outra figura que não Jesus, seu ensino, seu comportamento misericordioso e seu amor, estamos enganados. Tudo que conseguimos entender de Deus está em Jesus. Jesus Cristo é o Deus que podemos ver e entender.

. . . .

30Então quiseram prendê-lo, mas ninguém lhe pôs as mãos, porque a sua hora ainda não havia chegado. 31Porém muitos dentre a multidão creram nele e diziam:

— Quando o Cristo vier, será que vai fazer maiores sinais do que este homem tem feito?

32Os fariseus, ouvindo a multidão murmurar essas coisas a respeito de Jesus, juntamente com os principais sacerdotes enviaram guardas para o prender. 33Jesus disse:

— Ainda por um pouco de tempo estou com vocês e depois irei para junto daquele que me enviou. 34Vocês irão me procurar, mas não me acharão; vocês também não podem ir para onde eu estou. 35Então os judeus disseram uns aos outros:

— Para onde ele irá que não o possamos achar? Será que pretende ir para a diáspora entre os gregos, a fim de ensinar os gregos? 36Que significa isso que ele diz: "Vocês irão me procurar, mas não me acharão; vocês também não podem ir para onde eu estou?"

. . . .

Há uma coisa muito pertinente ao sistema religioso: o controle. Na verdade, uma análise mais aprofundada mostra que essa é uma marca na raça humana como um todo, algo que nos acompanha desde o Éden. A escolha em Adão foi a de conhecer o bem e o mal fora de Deus. Comer do fruto do conhecimento fez o ser humano ter a sua opinião do que é bom e mau, independentemente de Deus. O homem passou a ser seu próprio deus. Na oração do Pai-Nosso, Jesus nos ensina a pedir pela vontade de Deus, pois devemos estar conscientemente em luta contra a nossa própria vontade. Quando somos nossos próprios deuses, tudo deve estar sob o nosso comando. Isso é o que chamamos de pecado: o comando total da vida sem Deus; uma vida de escolhas próprias, de vontade própria, de justiça própria sem a perspectiva divina. Os pecados que cometemos são resultados do estado de pecado em que estamos. O mundo gira nessa lógica. As relações humanas se desenvolvem nessa lógica. Seres humanos tomam suas decisões de acordo com sua divindade particular, mesmo que isso prejudique seu próximo. Quanto mais o tempo passar, mais o ser humano se degradará, e encontraremos cada vez menos compaixão e amor, cada vez mais individualismo e cada vez menos senso comunitário.

A religião caminha nessa lógica de controle e domínio. Quando os fariseus viram que o povo já começava a acreditar em Cristo, mandaram guardas, que provavelmente seriam do Sinédrio, para prendê-lo. A religião não pode perder seu povo, ela é dona do povo. Com um olho no texto e outro na vida, pense: você já deparou com líderes religiosos que criam visgos, fazem muros, ameaçam, lançam maldições e pragas sobre pessoas que querem sair de seu comando? Já ouviu um pastor dizer que fora de sua "cobertura espiritual" você nunca será feliz? Já ouviu que não pode sair de igreja A, B ou C, porque foi lá que você foi abençoado? Se sim, então você sabe o que é um movimento religioso que deseja domínio e posse. Jesus nunca ameaçou seus discípulos, muito pelo contrário. Em João 6:66-68, ele permite que o deixem. Essa condição também se aplica a nós hoje. Estamos ligados a Cristo por laços de amor e verdadeira submissão; nós o amamos pois ele nos amou primeiro. Uma igreja local que vive a vida do reino mantém-se unida porque, desde seu pastor até o último irmão, todos vivem em entrega e renúncia. Os membros se doam uns aos outros em um serviço mútuo de fé, na prática de seus dons que edificam uns aos outros. Todos compreendem que fazem parte de um imenso reino de amor espalhado pela terra, e não de um rebanho sob o domínio de um tirano.

A resposta de Jesus à tentativa de prisão revela uma total separação entre o reino de Deus e o império da religião. Jesus diz que agora podem vê-lo e até procurá-lo para prendê-lo, mas em breve não o veriam mais, pois os religiosos não poderiam ir para onde ele iria. Uma coisa é ser salvo por Cristo e ter como destino o reino eterno, outra é ser dominado por um sistema religioso sem Deus, rejeitando a Cristo e seu reino em nome de um deus. Mas essa passagem ainda nos reserva um detalhe muito bonito.

Jesus diz aos judeus que logo ele vai para junto do Pai; eles o procurariam sem poder achá-lo. Diz também que não podem ir para onde ele *está*. Aqui o verbo *eimi* (gr., ser, estar) está no presente do indicativo ativo. Sim, no presente! Os religiosos não podem ir para onde ele *já* está. Podemos entender essa frase como o fato de Jesus estar em carne na terra, mas, como Deus uno/trino, estar na eternidade. A religião nunca poderá estar no lugar em que Jesus está. Nunca poderá ocupar o seu lugar, tampouco alcançar o lugar acessível apenas pela graça, justiça e misericórdia. Jesus em breve iria para o Pai, mas a religião já não o alcançava enquanto estava na terra. Há um grande abismo entre o reino de Jesus e a religião. São como linhas paralelas: podem até andar lado a lado, mas nunca se encontrarão e, fatalmente, seus destinos serão diferentes.

. . . .

[37]No último dia, o grande dia da festa, Jesus se levantou e disse em voz alta:

— Se alguém tem sede, venha a mim e beba. [38]Quem crer em mim, como diz a Escritura, do seu interior fluirão rios de água viva.

[39]Isso ele disse a respeito do Espírito que os que nele cressem haviam de receber; pois o Espírito até aquele momento não tinha sido dado, porque Jesus ainda não havia sido glorificado. [40]Quando ouviram essas palavras, alguns do meio do povo diziam:

— Este é verdadeiramente o profeta.

[41]Outros diziam:

— Ele é o Cristo.

Outros, porém, perguntavam:

UMA LONGA CONVERSA 227

— Por acaso o Cristo virá da Galileia? [42]Não diz a Escritura que o Cristo vem da descendência de Davi e da aldeia de Belém, de onde era Davi? [43]Assim, houve divisão entre o povo por causa dele. [44]Alguns queriam prendê-lo, mas ninguém lhe pôs as mãos. [45]Os guardas voltaram à presença dos principais sacerdotes e fariseus, e estes lhes perguntaram:

— Por que vocês não o trouxeram?

[46]Eles responderam:

— Jamais alguém falou como este homem.

[47]Os fariseus disseram aos guardas:

— Será que também vocês foram enganados? [48]Por acaso alguma das autoridades ou algum dos fariseus creu nele? [49]Mas esse povo que nada sabe da lei é maldito.

[50]Nicodemos, um deles, que antes tinha ido conversar com Jesus, perguntou-lhes:

[51]— Será que a nossa lei condena um homem sem primeiro ouvi-lo e saber o que ele fez?

[52]Eles responderam:

— Por acaso também você é da Galileia? Examine e verá que da Galileia não se levanta profeta.

[53]E cada um foi para a sua casa.

. . . .

Nesse ponto, João propõe continuar a discussão ao afirmar que Jesus era a água que mata a sede de todos que o buscam. Jesus falava do Espírito Santo ainda não derramado, fato que aconteceria cinquenta dias após a Páscoa, na festa do

228 DIÁLOGOS COM JESUS

Pentecostes. O Espírito Santo é Deus que habita em nós e é Deus presente em nossa vida, satisfazendo nosso ser de toda sede de vida que possamos ter.

Com essas palavras, parte do povo passa a admitir a hipótese de Jesus ser o Cristo; outros duvidam e trazem de novo à tona a discussão sobre sua origem, sem saber que Jesus havia mesmo nascido em Belém, apesar de ter crescido na Galileia. O diálogo que ocorre a seguir não é exatamente entre Jesus e os religiosos, mas entre eles assim que os guardas retornam. Estes voltam aos principais sacerdotes e fariseus sem Jesus e são interrogados sobre não terem o prendido. A resposta dos guardas é uma das mais lindas declarações sobre Cristo: "Jamais alguém falou como este homem".

O Verbo falava palavras de vida eterna; palavras do coração do próprio Deus. O Verbo era a palavra, e a Palavra viva era a palavra de Deus diante dos homens. Ele se fez homem para que todos pudessem crer na verdadeira e única palavra de vida. Os soldados, que tinham menos conhecimento das Escrituras, perceberam a verdade do Verbo, mas os religiosos, versados nas Escrituras, não reconheceram a verdadeira palavra. A religião usa a palavra de Deus, a lê diante do povo, a canta em suas músicas, mas o coração está muito longe de Deus. Como era esperado, a declaração dos soldados gera ódio nos sacerdotes e fariseus, pois lhes parecia que estavam do lado de Jesus. A religião tem ódio de quem não anda segundo suas crenças, e de novo o sentimento de controle e domínio dos religiosos está ameaçado pela declaração dos soldados. Há aqui, no entanto, um fato que não pode ser esquecido:

os religiosos amaldiçoam o povo, chamando-o de ignorante. Para esses religiosos, todo aquele que cresse em Cristo seria ignorante da lei e maldito. A religião é o sistema onde pessoas são tratadas com delicadeza e de forma gentil segundo um esquema retributivo. O fiel é amado, sua família é linda, ele é uma bênção, tem ministério e prega no domingo, mas esse tratamento afável só dura até o dia em que decide se desligar do lugar que frequenta. A partir de então, passa a ser maldito, ignorante, analfabeto da lei, imprestável e ingrato. Se você já viu essa cena, então já esteve frente a frente com a religião. Esses líderes não amam ninguém além de si mesmos, são inacreditavelmente insensíveis diante da dor alheia e capazes de destruir qualquer pessoa que se colocar em seu caminho, seja ela quem for. Eles amam seus planos, odeiam ser contrariados, são extremamente inseguros e vaidosos, o que faz com que apenas bajuladores cegos sem reflexão e admiradores incondicionais os cerquem. O povo serve para servir. Enquanto o povo serve, os religiosos o elogiarão. Quando o povo pensar diferente, será amaldiçoado. A religião olha apenas para si, seu sistema, sua manutenção, seu domínio e seus projetos; o povo é a massa de trabalho e contribuição para que isso aconteça. Povo que pensa diferente é rebelde e maldito, por isso é rejeitado pela religião, que imediatamente sai à caça de mais gente para substituí-los.

Dois tipos de pessoas vivem ao redor dessa espécie de líder: o primeiro é essa militância pessoal que se alimenta de migalhas; o outro é um povo que ainda não o conhece de perto e ainda não sofreu com suas atitudes. Por isso, o

230 DIÁLOGOS COM JESUS

líder se faz inacessível como um deus no Olimpo. É mais fácil manter à distância uma imagem de "ungido" diante do povo do que construir uma relação sincera e verdadeira de amor com o próximo.

Após sua ressurreição, Jesus aparece aos discípulos na praia e pergunta três vezes a Pedro se ele o amava. Para todas as respostas de Pedro, Jesus reafirmou: "Vá e apascente as minhas ovelhas" (Jo 21). O foco do reino são as pessoas. Essa é uma afirmação simples, mas que traça, de diversas maneiras, uma linha divisório entre evangelho e religião.

- Na lógica do reino, o povo é o objetivo da obra sacrificial e redentora de Cristo. Na lógica da religião, o povo é o sacrifício lucrativo para a obra dos homens que a lideram.

- No reino, toda honra é dada a Cristo, e o povo honra somente a Deus. Na religião, o povo honra ao líder esperando ser honrado por Deus.

- No reino, Cristo governa sobre tudo e sobre todos e está sentado no trono de glória. Para os líderes religiosos, a religião governa, e eles se sentarão no trono terreno.

- Na religião, o amor do povo aponta para o líder; é esse líder quem estabelece uma aliança com seu povo. O amor de Cristo aponta para o povo, o qual foi comprado em uma aliança de sangue, na cruz.

- Na religião, o povo é levado a desejar ser próspero e grande como seu líder, e isso é se conformar à imagem do ganancioso. No reino, o desejo do povo é ser humilde e simples como Cristo; se moldam à imagem de Deus. Sempre seremos parecidos com quem adoramos, nunca se esqueça disso.

. . . .

¹Jesus, no entanto, foi para o monte das Oliveiras. ²De madrugada, voltou novamente para o templo, e todo o povo se reuniu em volta dele; e Jesus, assentado, os ensinava. ³Então os escribas e fariseus trouxeram à presença dele uma mulher surpreendida em adultério e, fazendo-a ficar em pé no meio de todos, ⁴disseram a Jesus:

— Mestre, esta mulher foi surpreendida em flagrante adultério. ⁵Na Lei, Moisés nos ordenou que tais mulheres sejam apedrejadas. E o senhor, o que tem a dizer?

⁶Eles diziam isso tentando-o, para terem de que o acusar. Mas Jesus, inclinando-se, escrevia na terra com o dedo. Como eles insistiam na pergunta, Jesus se levantou e lhes disse:

— Quem de vocês estiver sem pecado seja o primeiro a atirar uma pedra nela.

⁸E, inclinando-se novamente, continuou a escrever no chão. ⁹Mas eles, ouvindo essa resposta, foram saindo um por um, a começar pelos mais velhos até os últimos, ficando só Jesus e a mulher em pé diante dele. ¹⁰Levantando-se, Jesus perguntou a ela:

— Mulher, onde estão eles? Ninguém condenou você?

¹¹Ela respondeu:

— Ninguém, Senhor!

Então Jesus disse:

— Também eu não a condeno; vá e não peque mais.

....

Prosseguimos nesse grande embate descrito por João, já no capítulo 8 do seu Evangelho. Acredito que João encadeou esses fatos e organizou os diálogos dessa forma por uma razão teológica. Ele quer demonstrar o abismo que separa o reino de Deus do império dos homens.

Começo observando o que João relata no início da narrativa. Jesus vem do monte para o templo e a multidão o segue, então ele se senta com o povo e lhes ensina. Que cena! Deus em carne, sentado no chão com os homens, para lhes ensinar o amor e trazê-los das trevas do pecado para a luz da vida. Quanta simplicidade, humildade, amor, alegria; prazer de estar junto, prazer de ensinar, prazer em dar e dar de graça. Quem já estudou os Evangelhos e leu sobre Cristo deve ter inúmeras palavras de Jesus decoradas e guardadas em seu coração. Contudo, será que alguém se lembra de alguma ocasião em que Jesus tenha obrigado alguém a fazer algo ou pedido algo para tirar proveito de sua posição de rei? Você alguma vez viu Jesus usando a lei ou os Dez Mandamentos para intimidar alguém a cumpri-los? Por acaso pode se lembrar de alguma situação em que Jesus se aproximou do povo para condená-lo? A resposta é não.

Sempre que Jesus foi duro, ríspido ou falou de juízo e condenação, estava dialogando com os representantes hipócritas da falsa fé, nunca com o povo simples. É interessante como líderes religiosos sempre tratam o povo na dureza da lei e da condenação, fazendo o contrário de Jesus, e tratam bem e com respeito somente aqueles que podem lhes proporcionar algum benefício ou lucro.

Nesse diálogo, escribas e fariseus trazem uma mulher flagrada em adultério e fazem uma pergunta a Jesus de acordo com um mandamento específico da lei de Moisés.

Se um homem adulterar com a mulher do seu próximo, será morto o adúltero e a adúltera (Lv 20:10).

Se um homem for encontrado deitado com uma mulher que tem marido, ambos devem ser mortos, o homem que se deitou com a mulher e a mulher. Assim vocês eliminarão o mal de Israel. Se uma moça virgem tiver casamento contratado, e outro homem a encontrar na cidade e tiver relações com ela, vocês devem trazer ambos ao portão daquela cidade e apedrejá-los até que morram; a moça, porque não gritou por socorro, estando na cidade, e o homem, porque humilhou a mulher do seu próximo. Assim vocês eliminarão o mal do meio de vocês (Dt 22:22-24).

Por certo, a lei de Moisés falava sobre o apedrejamento em caso de adultério. Nos povos da antiguidade, e também em Israel, a ética por vezes era construída com punição e exemplo.

234 DIÁLOGOS COM JESUS

Porém a lei não estava completa. Jesus já deixou isso claro no Sermão do Monte; carecia da revelação da graça e da vida em Cristo, ou seja, não contemplava o arrependimento.

Os fariseus e escribas trazem a mulher pega em flagrante adultério, mas não trouxeram o homem que havia cometido adultério com ela. Esse é mais um detalhe importante do comportamento religioso: a manipulação da condenação de acordo com os interesses de quem julga. A lei pertence à religião; é um instrumento que aponta erros apenas na direção contrária a quem a administra. Líderes religiosos e seus correligionários são isentos de seu cumprimento. Você já deve ter visto um líder religioso que se sente isento das obrigações que ele mesmo impõe ao povo. Tudo se passa como se a lei fosse um instrumento de perpetuação da liderança contra aqueles que infringem sua vontade.

No reino de Cristo, antes da condenação, existe a cruz, o perdão e a oportunidade de vida em arrependimento e transformação. Isso os sacerdotes e fariseus não conheciam, e nunca desejaram. Jesus estava escrevendo no chão, e continuava a escrever, mas seus interlocutores exigiam uma resposta. E o que ouviram foi desconcertante: "Quem de vocês estiver sem pecado, seja o primeiro a atirar uma pedra nela".

Para os religiosos, aquele não era o momento da condenação da pecadora, e sim de Cristo. Se Jesus dissesse "sim", estaria concordando com os religiosos e deveria se submeter à autoridade deles; e, se dissesse "não", seria inimigo da lei. De qualquer forma, a mulher seria apedrejada. Não temos certeza, mas é provável que a cena tenha sido armada; o homem adúltero não estava presente porque poderia ser apenas uma espécie de ator contratado para a cena. É de se admirar que a mulher pouco importa aos religiosos — se fosse preciso, a apedrejariam com gosto apenas pelo prazer de expor Jesus. A resposta de Jesus demonstra como a misericórdia de Deus vai até onde o intérprete da lei não vai. Jesus veio mesmo buscar os que estão perdidos. Aquela mulher diante de Jesus não estava perdida, pois o Rei de amor a encontrou. Mas, para a religião, ela era apenas uma isca: um sacrifício escolhido a dedo para fisgar outro alvo. A religião faz isso: condena uns para prejudicar outros. Ela é capaz de sacrificar um inocente para acusar outro inocente. A religião controla a interpretação da lei, e lei nas mãos da religião pode significar qualquer coisa, desde que beneficie o sistema.

"Quem não tiver pecado, atire a primeira pedra!" Sempre que tentamos fazer justiça, esquecemos que também somos imperfeitos e, diante de Deus, igualmente pecadores. Homens injustos julgavam uma mulher injusta. Porém, Jesus era o Justo diante de todos os pecadores para oferecer misericórdia. Esses religiosos jamais admitiriam o fato de serem injustos ou pecadores; um véu espesso de falsidade cobria a vida deles diante do povo. Qualquer um poderia ter atirado uma pedra e se justificado diante de Cristo pela sua interpretação da lei, mas ninguém conseguiu. Sempre penso que uma nuvem de verdade, graça e misericórdia abraçou aquela mulher e aqueles homens. Todos deixaram suas pedras, viraram-se e se foram. Isso nem sempre acontece. Por mais que falemos de misericórdia e perdão, a religião segue fazendo vítimas. Muitos pecadores em busca de perdão e recomeço foram apedrejados por falsos justos cheios de pecado que ocupam a posição de santos com pedras nas mãos. A pergunta de Jesus é bela: "Mulher, onde estão eles? Ninguém condenou você?". Nenhum daqueles pecadores ousara condená-la. No comovente desfecho, aquele que não tinha pecado também não a condena, apenas a orienta a não viver mais em pecado. Poucas palavras e um grande alívio pela chance de recomeçar. Não há nada mais a ser dito sobre esse trecho. Mas Jesus agora se dirige aos fariseus:

· · · · · · · · · · · · · · · · ·

¹²De novo, Jesus lhes falou, dizendo:

— Eu sou a luz do mundo. Quem me segue não andará nas trevas; pelo contrário, terá a luz da vida.

¹³Então os fariseus lhe disseram:

— Você dá testemunho de si mesmo. O testemunho que você dá não é verdadeiro.

¹⁴Jesus respondeu:

— Ainda que eu dê testemunho a respeito de mim mesmo, o meu testemunho é verdadeiro, porque sei de onde vim e para onde vou; mas vocês não sabem de onde venho, nem para onde vou. ¹⁵Vocês julgam segundo a carne; eu não julgo ninguém. ¹⁶E, se eu julgo, o meu juízo é verdadeiro, porque não sou só eu que julgo, mas eu e o Pai, que me enviou. ¹⁷Também na Lei de vocês está escrito que o testemunho de duas pessoas é verdadeiro. ¹⁸Eu dou testemunho de mim mesmo, e o Pai, que me enviou, também dá testemunho de mim.

¹⁹Então eles lhe perguntaram:

— Onde está o seu Pai?

Jesus respondeu:

— Vocês não conhecem a mim e não conhecem o meu Pai; se conhecessem a mim, também conheceriam o meu Pai.

²⁰Jesus proferiu essas palavras perto da caixa de ofertas, quando ensinava no templo. Ninguém o prendeu, porque ainda não havia chegado a sua hora.

. . . .

Jesus declara ser a luz do mundo. Isso significa que o homem natural não consegue ver a plenitude da vida, nem mesmo seus próprios caminhos onde decide andar, pois está no escuro. Esses fariseus estavam no escuro, e, sem a luz de Cristo, não eram capazes de enxergar e interpretar a lei que estavam lendo. A luz da vida ilumina tudo à nossa frente, Jesus nos faz ver o que a letra fria não diz nada sem luz. Mas os religiosos diziam que Jesus não poderia testemunhar de si próprio, seja se defendendo ou dizendo-se Filho de Deus. Um testemunho era referendado por pelo menos duas testemunhas, e Jesus então explica que ele e o Pai davam testemunho do Filho. Isso era demais para esses homens. Mesmo que a saída esteja à nossa frente, sem luz, continuaremos perdidos. Assim estava o povo, nas trevas, por falta de conhecimento, e assim estavam os religiosos, nas trevas e entorpecidos pelo seu conhecimento.

238 DIÁLOGOS COM JESUS

Já vimos anteriormente que os religiosos nunca reconheceriam Jesus, pois não conheciam o Pai, não conheciam a
Deus. E isso volta a acontecer aqui. Jesus declara que eles não
conhecem o Pai, por isso não o reconhecem como Filho. Em
minhas aulas ou em meus vídeos, sempre recebo a pergunta:
"Zé, como um religioso não conhece a Deus? Ele tem uma
Bíblia, lê versículos todo dia, ora e canta, como podemos dizer que ele não sabe quem Deus é?". Sei que soa estranho,
mas é a verdade. As letras passam pelos olhos, alojam-se em
uma mente cauterizada e descem de forma distorcida ao coração. Lá ele abriga males que se completam com a interpretação conveniente. Deus, a Bíblia, Jesus, pregações, cânticos,
orações... A cerimônia está pronta, mas tudo não passa de
uma casca, vazia, oca, sem Deus, sem graça e sem vida.

Por isso Jesus declara que o julgamento deles era segundo a carne, segundo a natureza humana pecaminosa. O termo "carne", conforme usado por Jesus, foi esclarecido por
Paulo: sem um novo nascimento, uma nova vida, um novo
ser, a justiça é inútil. Cada vez mais a corrupção vai tomar
conta do mundo caótico em que vivemos, mas a religião já
foi tomada pelo caos há muito tempo, desde antes de Cristo.

O comentário de João no versículo 20 é bastante sintomático: "Jesus proferiu essas palavras perto da *caixa de ofertas*".
Por que Jesus teria escolhido esse lugar para falar aos fariseus?
Todo o movimento dos líderes religiosos daqueles dias contra Jesus era uma tentativa de preservar suas posições, pois
a liberdade que Jesus oferecia os ameçava. A religião precisa
se perpetuar; líderes de hoje precisam vender suas posições,

que devem continuar lucrativas a quem investiu, ou deixá-las como herança aos seus filhos, para manter o nível de vida no império. Lembre-se que nos dias de Jesus havia dois sumos sacerdotes, Anás e Caifás, sogro e genro respectivamente — um negócio de família. O sacerdócio há muito tempo não era mais uma questão de sucessão de uma linhagem sacerdotal com base na unção, em uma vida de consagração a Deus; era uma concessão adquirida de Roma. O direito de exploração do comércio no templo estava nas mãos do escolhido de César, por isso davam a César o que deveriam dar a Deus.

. . . .

[21]Outra vez Jesus lhes falou, dizendo:

— Eu vou embora, e vocês vão me procurar, mas perecerão no seu pecado. Para onde eu vou vocês não podem ir.

[22]Então os judeus diziam:

— Será que ele tem a intenção de se suicidar? Porque diz: "Para onde eu vou vocês não podem ir."

[23]Jesus lhes disse:

— Vocês são daqui de baixo, eu sou lá de cima. Vocês são deste mundo, eu deste mundo não sou. [24]Por isso, eu lhes disse que vocês morrerão em seus pecados. Porque, se não crerem que Eu Sou, vocês morrerão nos seus pecados.

[25]Então lhe perguntaram:

— Quem é você?

Jesus respondeu:

240 DIÁLOGOS COM JESUS

— O que é que eu tenho dito a vocês desde o princípio? ²⁶Muitas coisas tenho para falar e julgar a respeito de vocês. Porém aquele que me enviou é verdadeiro, de modo que as coisas que dele ouvi, essas digo ao mundo. ²⁷Eles não entenderam que Jesus lhes falava do Pai. ²⁸Então Jesus disse:

— Quando vocês levantarem o Filho do Homem, então saberão que Eu Sou e que nada faço por mim mesmo; mas falo como o Pai me ensinou. ²⁹E aquele que me enviou está comigo, não me deixou só, porque eu faço sempre o que lhe agrada.

³⁰Quando Jesus disse isto, muitos creram nele.

. . . .

Mais uma vez, Jesus fala a respeito de ir para um lugar aonde não poderiam ir. Os judeus indagam se ele estaria prestes a cometer suicídio, um pecado que automaticamente conduzia ao tormento eterno. Somente uma pessoa em uma situação assoladora e muito terrível, achando-se vencida, escolheria tal fim. De fato, Jesus entregou-se por nós, dando sua vida pelo nosso resgate. Mas não era o suicídio imaginado pelos judeus, e sim sobre sua atitude de amor na cruz e posterior ressurreição e ascensão. Jesus é do céu; nós, da terra. Quem reconhece quem ele é tem a vida eterna. Portanto, os filhos de Deus, salvos por Cristo, vivem nesta terra com a cabeça no céu. Trabalham e vivem do jeito que viverão na eternidade, pois é de lá que são.

Um exemplo prático: um canadense vai passar um tempo no Saara trabalhando por alguns anos. Vai pagar impostos, ter um carro, usar roupas dali, mas seu jeito de viver e enxergar a vida é canadense. Sua família está no Canadá, seu clube de hóquei está lá, as ruas onde cresceu, a música, a comida, sua namorada e toda sua cultura e história. Ainda que viva no Saara, nada conseguirá mudar sua essência de canadense, pois é o que é; o Saara é apenas o lugar em que ele está. Ele sempre fará comparações com sua terra e, quando falar com amigos, sempre vai contar histórias de seu país, de seus hábitos e de sua essência. Quando o prazo de trabalho estiver se findando, venderá tudo que adquiriu provisoriamente no Saara. Estará com os dias de aluguel contados e, nos últimos dias antes de partir, terá apenas um colchão e alguns pertences em malas. Quando sair para se despedir de seus amigos, apenas falará da viagem, do passaporte, da família e de suas coisas no Canadá. Se os outros quiserem falar das novas leis e das novas regras de exploração no Saara, pouco lhe importará; ele está voltando para casa. Se houver outros funcionários canadenses que vão ficar por mais tempo, apenas dirá: "Até breve, nos vemos no Canadá".

Assim deveríamos ser. Gente do reino eterno. Vivemos, cumprimos nossas obrigações de cidadãos, temos carros e casas, votamos, estudamos, mas não somos daqui. Nossa vida é pautada pelo reino; nosso amor, justiça e retidão pertencem ao reino. Muita coisa pode ser normal para quem é daqui, mas para nós não, pois pertencemos a outro lugar.

A religião é daqui. Religiosos lutam, prometem e alegram-se apenas com coisas daqui, além de ter um reino que os governa, o reino da terra. A lógica da religião é a mesma das grandes corporações industriais ou comerciais: têm seus projetos, buscam desenfreadamente por riquezas, sua política de cargos e sucessões é a mesma, têm homens puxando o tapete de outros, têm mentira, falsidade, violência, e vão à festa de fim de ano onde todo mundo se abraça e chora. No caso da religião, a festa é o domingo, quando todo mundo se abraça e ora.

Jesus estava dizendo que o seu reino não era daqui; nada aqui o seduziria nem poderia ser mais atrativo do que ser o Todo-Poderoso e soberano Deus, criador de tudo que há. Nada o impressionaria, ele era o criador de tudo. Por isso, no versículo 24, Jesus atribui a si mesmo o título "Eu Sou". Essa é a explicação que Deus dá a Moisés quando este lhe pergunta, antes de ir a Faraó, qual seria o nome do Deus que lhe falara, e Deus responde: "Eu Sou o Que Sou" (Êx 3:13-14).

Deus é o que é; inexplicavelmente, é o que é. Nunca alcançaremos o entendimento de como ele é, ele simplesmente é a razão de tudo existir, a sustentação de tudo que existe, ele é nossa origem e destino, ele é eterno, sem começo nem fim. Esse Deus estava em carne conversando com seres humanos infinitamente microscópicos diante de sua eterna grandeza, para a qual o infinito universo é pequeno. Ainda assim, Jesus se senta no chão para conversar com o povo e se detém para responder aos religiosos. E, com todo seu conhecimento da lei e dos profetas, os religiosos nada sabiam de Deus, mas se achavam deuses.

Nos versículos 28 e 29, Jesus diz que se revelaria completamente quando fosse levantado, referindo-se à sua morte sacrificial. Também ficaria claro que as obras dele eram as obras do Pai, que estava com ele. Quando o Filho do Homem estiver na cruz, então será conhecido como o Eu Sou por causa de seu amor, sua graça, seu perdão e seu sacrifício gratuito. Ele não seria conhecido por ouro e prata, não por abrir o mar ou acalmar a tempestade, apesar de ter feito tudo isso. Deus não desejou ser conhecido por derramar dons ou porque pôde parar o sol e a lua, apesar de poder e ter feito todas essas coisas. Jesus disse que todos o conheceriam quando fosse levantado na cruz, tomando o nosso lugar. Um religioso jamais amaria assim. O que Jesus nos oferece nenhum sistema religioso pode dar. Quando Jesus disse isso, muitos creram nele. Isso pode parecer uma loucura, pois achamos sempre que é necessário um fenômeno metafísico para que alguém creia, mas não, os que são do reino, do amor, quando avistam o reino ou a menor sombra dele, creem, entregam-se e alegram-se.

· · · · · · · · · · · · · · · · ·

[31]Então Jesus disse aos judeus que haviam crido nele:

— Se vocês permanecerem na minha palavra, são verdadeiramente meus discípulos, [32]conhecerão a verdade, e a verdade os libertará.

[33]Eles responderam:

— Somos descendência de Abraão e jamais fomos escravos de ninguém. Como você pode dizer que seremos livres?

[34]Jesus respondeu:

— Em verdade, em verdade lhes digo que todo o que comete pecado é escravo do pecado. [35]O escravo não fica sempre na casa; o filho, sim, fica para sempre.

244 DIÁLOGOS COM JESUS

³⁶Se, pois, o Filho os libertar, vocês serão verdadeiramente livres. ³⁷Bem sei que vocês são descendência de Abraão; no entanto, estão querendo me matar, porque a minha palavra não está em vocês. ³⁸Eu falo das coisas que vi junto de meu Pai; vocês, porém, fazem o que ouviram do pai de vocês.

³⁹Então lhe disseram:

— Nosso pai é Abraão.

Mas Jesus respondeu:

— Se vocês fossem filhos de Abraão, fariam as obras que ele fez. ⁴⁰Mas agora vocês estão querendo me matar, a mim que lhes falei a verdade que ouvi de Deus; Abraão não fez isso. ⁴¹Vocês fazem as obras do pai de vocês.

Eles responderam:

— Nós não somos filhos ilegítimos. Temos um pai, que é Deus.

⁴²Jesus disse:

— Se Deus fosse, de fato, o pai de vocês, certamente me amariam, porque eu vim de Deus e aqui estou; pois não vim de mim mesmo, mas ele me enviou. ⁴³Por que vocês não compreendem a minha linguagem? É porque vocês são incapazes de ouvir a minha palavra. ⁴⁴Vocês são do diabo, que é o pai de vocês, e querem satisfazer os desejos dele. Ele foi assassino desde o princípio e jamais se firmou na verdade, porque nele não há verdade. Quando ele profere mentira, fala do que lhe é próprio, porque é mentiroso e pai da mentira. ⁴⁵Mas, porque eu digo a verdade, vocês não creem em mim. ⁴⁶Quem de vocês me convence de pecado? Se digo a verdade, por que não creem em mim? ⁴⁷Quem é de Deus ouve as palavras de Deus; por isso, vocês não me ouvem, porque não são de Deus.

. . . .

Jesus agora se dirige a um público diferente: os judeus que haviam crido nele. Esse fato pode nos levar a pensar que seria um diálogo sem embates, sem diferenças, mas não foi bem assim. Jesus diz a eles que os verdadeiros discípulos são aqueles que permanecem em sua palavra; estes conheceriam a verdade, e ela os libertaria. Aqui começa uma controvérsia. Os judeus não se sentiam escravos de nada, pois eram filhos de Abraão. Diziam que criam em Jesus, mas continuavam a crer neles mesmos, em sua tradição terrena. Crer em Cristo implica deixar de crer em suas próprias soluções, em sua força, em sua suficiência e em sua própria soberania. Muitos pensam que a fé existe para potencializar seus projetos; não, a fé é um movimento de autonegação, revisão de conceitos e troca de mentalidade; é morte e renascimento; é abandonar o que se vive para abraçar a única verdade.

Esses judeus ainda não entendiam o que significava crer em Jesus. Sentiam-se livres como povo simplesmente por serem filhos de Abraão, mas escondiam o fato de que os filhos de Abraão muitas vezes foram escravos. Estiveram quatrocentos anos em escravidão no Egito; Israel foi cativo da Assíria, Judá foi cativo da Babilônia, depois foram cativos dos medos, depois dos persas. Em seguida, estiveram sob o

246 DIÁLOGOS COM JESUS

domínio da Grécia e agora eram um povo subjugado a Roma, pagavam impostos e se reportavam a César. Mas todos esses cativeiros históricos são de menor importância, Jesus fala sobre um cativeiro muito mais profundo: o do pecado. Ódio, maldade, inveja, falsidade, violência, orgulho, hipocrisia, adultério, mentira e mais uma lista infinita de atitudes e sentimentos que demonstravam se tratar de um povo escravo. Fé em Deus não é acreditar que ele tem poder, pois é inegável que ele o tem. Fé não é acreditar que Deus faz milagres, ele os faz. Ele tem poder e faz o que quer, independentemente de acreditarmos ou não. Deus não depende de nós para ser o que ele é, simplesmente é o que é, apesar do que pensemos sobre ele. Fé não é um mecanismo religioso que nos leva a fazer sinais; é a total descrença em tudo que somos e fazemos; é assumirmos que somos pecadores e que dependemos da graça de Deus; é uma nova vida em que manifestamos o caráter de Deus em nós.

Esses homens eram escravos e não sabiam; como diziam que nunca foram escravos? Olhando para o texto e olhando para a vida, parece-me que o orgulho é uma roupa que cabe bem no religioso. Líderes lutam para demonstrar suas posições uns contra os outros, em uma competição infantil. Por mais decadente que possa ser sua jornada, sua pose será sempre inversamente proporcional ao seu declínio. Tudo para manter sua imagem de superioridade.

Quando Jesus diz que quem comete pecado não fica na casa, mas o filho sim, ele está dizendo que esse povo é pecador e não anda nos caminhos de Deus. Ser filho de Abraão é apenas uma questão étnica, de nacionalidade, que não significa nada para a vida com Deus.

Mas, se você diz que é judeu, confia na lei e se gloria em Deus; se você conhece a vontade de Deus e aprova as coisas excelentes, sendo instruído na lei; se você está convencido de que é guia dos cegos, luz dos que se encontram em trevas, instrutor de insensatos, mestre de crianças, tendo na lei a forma da sabedoria e da verdade — você, pois, que ensina os outros, não ensina a si mesmo? Você, que prega que não se deve roubar, rouba? Você, que diz que não se deve cometer adultério, adultera? Você, que detesta ídolos, rouba os templos? Você, que se gloria na lei, desonra a Deus pela transgressão da lei? Pois, como está escrito: "O nome de Deus é blasfemado entre os gentios por causa de vocês" (Rm 2:17-24).

Paulo, escrevendo aos romanos, desfaz a ideia de um povo de Deus construído ou reconstruído em uma nação. Apesar de nossa salvação vir de Jesus, que era judeu, seu reino é para gente de todo povo, língua e nação. O religioso se afirma nos sinais da manifestação de Deus. Gosta de demonstrar fatos da história em que Deus fez coisas sobrenaturais para reafirmar sua posição religiosa, mas não apresenta nenhum sinal de transformação. Deus faz sinais, mas isso não depende de nós. O fato de Deus fazer sinais não significa que somos filhos dele, simplesmente significa que Deus está agindo. Quando, porém, nos arrependemos e assumimos uma nova vida, demonstramos sinais de Deus em nós.

248 DIÁLOGOS COM JESUS

Para as pessoas que nos rodeiam, na maioria das vezes, sinais geram dúvidas. Dizemos que cremos em Cristo e demonstramos sinais, mas o mundo vê sinais em feitiçarias, em curandeiros, em diferentes religiões. Por outro lado, quando dizemos que cremos em Cristo e nosso caráter é de amor e graça, temos a chance de mostrar ao mundo um sinal que nenhuma feitiçaria pode fazer: transformar o ser humano. Você já deparou com pessoas que creem em Cristo, mas não frequentam mais nenhuma comunidade local, nenhuma igreja? Você já lhes perguntou se ainda creem em Deus? Na maioria das vezes, essas pessoas dizem que sim, ainda creem em Deus. Se você perguntar o motivo de não frequentar uma igreja, lhe dirão que estão decepcionadas com as pessoas, com os líderes, com a hipocrisia, com a falsidade, com a maldade na religião. Sabem dos sinais, viram curas, conhecem a Palavra e sabem que o mar foi aberto diante de Moisés e que as muralhas de Jericó caíram. Viram Deus fazer coisas impossíveis, apenas não viram pessoas permitindo que Deus as transformem.

Estamos em colapso, em queda livre. A lógica de fé da liderança religiosa é sinal claro de seu total afastamento de Deus. A palavra grega para dom é *"charisma"*, de onde provém o termo "carisma", em português. Vemos hoje uma fé carismática e descaracterizada de Deus, ou seja, religiosos com muito carisma e pouco caráter. Se é Deus quem dá o dom, e é esse mesmo Deus quem transforma o caráter, como pode ele estar presente no sinal, e não no coração? Talvez ele não esteja presente em nenhum dos dois...

UMA LONGA CONVERSA **249**

⁴⁸Os judeus disseram a Jesus:

— Será que não temos razão em dizer que você é samaritano e tem demônio?

⁴⁹Jesus respondeu:

— Eu não tenho demônio; pelo contrário, honro o meu Pai, mas vocês me desonram. ⁵⁰Eu não procuro a minha própria glória; há quem a busque e julgue. ⁵¹Em verdade, em verdade lhes digo que, se alguém guardar a minha palavra, não verá a morte eternamente.

⁵²Então os judeus disseram:

— Agora estamos certos de que você tem demônio. Abraão morreu, e também os profetas, e você diz: "Se alguém guardar a minha palavra, não provará a morte eternamente." ⁵³Você não está querendo dizer que é maior do que Abraão, o nosso pai, que morreu? Também os profetas morreram. Quem você pensa que é?

⁵⁴Jesus respondeu:

— Se eu glorifico a mim mesmo, a minha glória não é nada. Quem me glorifica é o meu Pai, o qual vocês dizem que é o Deus de vocês. ⁵⁵Entretanto, vocês não o conhecem; eu, porém, o conheço. Se eu disser que não o conheço, serei como vocês: mentiroso; mas eu o conheço e guardo a sua palavra. ⁵⁶Abraão, o pai de vocês, alegrou-se por ver o meu dia; e ele viu esse dia e ficou alegre.

⁵⁷Então os judeus lhe perguntaram:

— Você não tem nem cinquenta anos e viu Abraão?

250 DIÁLOGOS COM JESUS

⁵⁸Jesus respondeu:

— Em verdade, em verdade lhes digo que, antes que Abraão existisse, Eu Sou.

⁵⁹Então pegaram pedras para atirar nele, mas Jesus se ocultou e saiu do templo.

....

Esse longo diálogo se encerra com mais uma blasfêmia, com os judeus que tinham "crido" nele dizendo que Jesus estava cheio de demônios. Para a lógica da religião, demônio é tudo que difere dela. Para esses homens, ser filho de Abraão mas também escravo do pecado não os incomodava, pois achavam que o certo era ser exatamente como eram. Não se sentiam pecadores. Segundo eles, a lei de sua religião lhes dava aval para continuarem a ser amantes do pecado com a consciência limpa. A religião molda Deus de acordo com a conveniência humana. Nela, o homem não é transformado na imagem e semelhança de Deus; antes, Deus é transformado na imagem e semelhança de homem em seu pecado. Como eu havia dito no início deste livro, a religião não precisa de Deus para existir, pode ter um deus qualquer ou deus nenhum. No sentido mais negativo da palavra, a religião existe pura e exclusivamente pela direção, vontade e divinização do homem.

O diálogo se encerra com a revelação do Cristo da eternidade, o Deus que é o que é antes de existir matéria, tempo e espaço. Cristo é desde antes da fundação do mundo. Ele não é da descendência de Abraão, ele é antes de Abraão, nasceu de Maria, mas é antes de Maria, manifestou-se no tempo, mas é o que é antes que houvesse tempo. Deus é eterno.

Nos versículos de 56 a 59, diante das declarações de Jesus sobre sua eternidade, os judeus atingem o auge da indignação. Jesus diz: "Antes que Abraão existisse, Eu Sou", ou seja, já existia antes de Abraão, o pai da nação judaica. Nesse ponto, Jesus estava cometendo uma blasfêmia contra a religião de Abraão, Isaque e Jacó, contra a religião de Moisés, por isso pegaram pedras para apedrejá-lo.

Abraão, Isaque, Jacó e Moisés creram em Deus. Deus os usou, e conhecemos um pouco do Deus que cremos observando também a história desses homens. Eles faziam parte de um povo, e esse povo desenvolveu a religião de Israel. Essa religião estava tão distante e oposta a Deus quanto o Norte está do Sul. Por isso Cristo não é a continuação da religião do Antigo Testamento, ele é o que sempre foi antes de existir tudo que existe. Por isso cremos somente no evangelho, esteja ele escrito no Novo ou no Antigo Testamento. Sempre procuramos somente a Cristo nas Escrituras. Não somos filhos de Israel; nosso Deus não está em um templo, nem em uma arca, tampouco em uma bandeira azul com a estrela de Davi, muito menos em um manto, uma espada, em pedras do alforje. Nosso Deus não está no Jordão, nem em sete voltas, nem em velas acesas, nem em sacrifícios ou ofertas. Ele habita em todo aquele que crê. Ele não é um vento nem uma sensação; ele é Trino, Pai, Espírito. Em resumo: ele é Jesus.

OS
DIÁLOGOS
DO
JULGAMENTO

CAPÍTULO 10

DEPOIS DA ÚLTIMA CEIA COM SEUS DISCÍPULOS, JESUS, EM PROFUNDA AGONIA, CONVIDA-OS AO JARDIM DAS OLIVEIRAS PARA ORAÇÃO. JESUS SABIA QUE SUA HORA havia chegado. Judas já não estava mais com eles; havia se retirado para trazer consigo os guardas do Sinédrio junto com alguns fariseus para prendê-lo. Assim, Jesus é preso e levado a Anás.

DIÁLOGO 23
ANÁS, O SOGRO SACERDOTE (JO 18:12-14, 19-24)

[12]Assim, a escolta, o comandante e os guardas dos judeus prenderam Jesus e o amarraram. [13]Então o levaram primeiramente a Anás, sogro de Caifás, sumo sacerdote naquele ano. [14]Ora, Caifás era quem havia declarado aos judeus ser conveniente morrer um homem pelo povo.

[...]

[19]Então o sumo sacerdote interrogou Jesus a respeito dos seus discípulos e da sua doutrina. [20]Jesus lhe respondeu:

— Eu tenho falado francamente ao mundo. Sempre ensinei, tanto nas sinagogas como no templo, onde

254 DIÁLOGOS COM JESUS

todos os judeus se reúnem, e não disse nada em segredo. ²¹Por que o senhor está perguntando para mim? Pergunte aos que ouviram o que lhes falei. Eles sabem muito bem o que eu disse. ²²Quando Jesus disse isto, um dos guardas que estavam ali deu-lhe uma bofetada, dizendo:

— É assim que você fala com o sumo sacerdote?

²³Jesus lhe respondeu:

— Se falei mal, dê testemunho do mal. Mas, se falei bem, por que você está me batendo?

²⁴Então Anás o enviou, amarrado, à presença de Caifás, o sumo sacerdote.

. . . .

Anás era o sogro de Caifás, sumo sacerdote naquele ano. Interessante como João menciona esse detalhe. Naquele ano, Caifás era sumo sacerdote colocado por seu sogro, o que deve ter sido um belo acordo com Roma. João também chama Anás de sumo sacerdote em sua narrativa. Bem provável que fosse a vez de Caifás e depois voltaria a ser a vez de Anás, revezando-se os dois. Ele coloca o genro, permanece no controle indireto e depois retorna, como um político que não pode exercer um terceiro mandato. Pode ser. Se não, foi algo parecido. Lembre-se de que não estamos mais no momento de uma linhagem sacerdotal familiar, como previa a lei. Não estamos falando de sacerdócio vitalício e sucessão de pai para filho; estamos no momento da simonia, em que o imperador interfere no sacerdócio, prática comum desde o período grego.

Com um olho no texto e outro na vida, é muito fácil discernir o *modus operandi* da religião quando nos deparamos com ele. Na religião, a política de tomada de decisões sempre passa pelos corredores antes de chegar aos átrios. Jesus é levado a Anás, que não era sumo sacerdote, mas que ainda tinha certo poder e comando, já que havia conseguido indicar seu genro para manter sua dinastia. Obviamente Caifás jamais reclamaria de ter sido o segundo a interrogar Jesus, afinal, jamais alcançaria um posto de tanta expressão se não fosse por intermédio de Anás. O genro finge que manda, o sogro finge que se submete, Herodes finge que fica feliz e a caravana avança.

Jesus estava diante do "sogro sacerdote", que era o poder decisivo por trás do genro, este era — tenho certeza —, um perfeito "banana", a pessoa certa no lugar certo para manter a família no poder. Um empreendimento religioso estável, rentável e bem-sucedido precisa de sucessores tão inescrupulosos quanto submissos. Uma empresa religiosa bem administrada por seu dono empreendedor não pode ser passada para qualquer um. Há muita coisa em jogo, logo, fica nas mãos dos mesmos líderes pelo tempo que for possível. A religião tinha muitos negócios: os acordos com Roma para manutenção do alvará de exploração do templo; a manutenção do destacamento da aristocracia religiosa; o controle do Sinédrio (corte judaica com poder de julgamento), que complementa o poder "espiritual"; e o controle das franquias do comércio no templo. Anás, Caifás, o Sinédrio e Pilatos: um conjunto harmônico e "ungido" contra o Cristo de Deus.

Geralmente o povo se encanta com o tamanho da empresa da fé, sua pujança, seu domínio, seu poder e influência. É assim que líderes religiosos transformam o povo em militância gratuita para sua perpetuação no poder. Eles têm a força da lei, a força da corte, o apoio do império e o poder financeiro. Eles têm um grande templo, que foi reformado e ampliado por Herodes com o dinheiro de Roma, e ainda suas cerimônias lotadas de gente de toda parte, festas e pompa. Por fim, o poder de comandar sacrifícios para o perdão dos pecados. Ninguém seria aceito diante de Deus sem passar pelos guichês oficiais dos sacerdotes.

A religião tem esse poder diabólico, pois opera na lógica de Satanás. Entorpece o povo, que, mesmo sofrido e diante da hipocrisia e mentira de seus líderes, mesmo percebendo todo desvio da verdade de Deus, ainda se mantém submisso e entregue. Não há nada melhor para afastar alguém de Deus do que o sistema religioso. É o ambiente de cegueira perfeito, onde pessoas se sentem tão perto de Deus estando tão longe dele. Qualquer semelhança com o que vemos nos dias de hoje não é mera coincidência: é pura continuidade.

É no ambiente da religião que Jesus é preso, esbofeteado, sua verdade se torna mentira, e a submissão ao sogro sacerdote é mais importante do que a submissão a Deus. A religião não tem nada a ver com o reino de Deus; ela é um império por si só, voltada para si mesma, em favor de quem a comanda.

OS DIÁLOGOS DO JULGAMENTO 257

DIÁLOGO 24
O SUMO SACERDOTE (MT 26:57-68)

Depois de interrogá-lo, Anás envia Jesus ao genro, o sumo sacerdote Caifás.

. . . .

⁵⁷E os que prenderam Jesus o levaram à casa de Caifás, o sumo sacerdote, onde se haviam reunido os escribas e os anciãos. ⁵⁸Pedro o seguia de longe até o pátio do sumo sacerdote. E, tendo entrado, assentou-se entre os servos, para ver como aquilo ia terminar. ⁵⁹E os principais sacerdotes e todo o Sinédrio procuravam algum testemunho falso contra Jesus, a fim de o condenarem à morte. ⁶⁰E não acharam, apesar de terem sido apresentadas muitas testemunhas falsas. Mas, afinal, compareceram duas, afirmando:

⁶¹— Este disse: "Posso destruir o santuário de Deus e reconstruí-lo em três dias."

⁶²E, levantando-se o sumo sacerdote, perguntou a Jesus:

— Você não diz nada em resposta ao que estes depõem contra você?

⁶³Jesus, porém, guardou silêncio. E o sumo sacerdote lhe disse:

— Eu exijo que nos diga, tendo o Deus vivo por testemunha, se você é o Cristo, o Filho de Deus.

258 DIÁLOGOS COM JESUS

[64]Jesus respondeu:

— É o senhor mesmo quem está dizendo isso. Mas eu lhes digo que, desde agora, vocês verão o Filho do Homem sentado à direita do Todo-Poderoso e vindo sobre as nuvens do céu. [65]Então o sumo sacerdote rasgou as suas vestes e disse:

— Blasfemou! Por que ainda precisamos de testemunhas? Eis que agora mesmo vocês ouviram a blasfêmia! [66]O que vocês acham?

E eles responderam:

— É réu de morte. [67]Então alguns cuspiram no rosto de Jesus e bateram nele. E outros o esbofeteavam, dizendo:

[68]— Profetize para nós, ó Cristo! Quem foi que bateu em você?

· · · · · · · · · · · · · · · · ·

Um fato interessante que não pode passar despercebido é que Anás, o "sogro sacerdote", interroga Jesus sozinho, mas o sumo sacerdote Caifás tem anciãos, membros do Sinédrio, os principais sacerdotes e escribas junto de si. Isso é bem sintomático. Permita-me fazer uma analogia rápida. Os empreendimentos religiosos costumam ter diretoria, conselhos, escalonamento de lideranças em um modelo pseudoparticipativo. Os membros decidem e assinam, mas Anás sozinho já tem a decisão tomada antes de todos.

OS DIÁLOGOS DO JULGAMENTO

O interrogatório de Caifás segue no mesmo tom do interrogatório de seu sogro, com toda a estrutura "legal" a seu favor: violência, quórum insuficiente, agressividade nas palavras, testemunhas falsas e, por fim, a linda cena de espiritualidade do "homem de Deus" Caifás. Diante de um blasfemo, Cristo, ele rasga suas vestes em sinal de contrição, profunda tristeza e desaprovação pela blasfêmia proferida contra o seu deus. Tudo pose.

Com um olho no texto e outro na vida, aprendi que a religião promove igrejas como empresas familiares. Caifás, casado com a filha de Anás, era o tolo perfeito. Obediente, avarento, muito submisso e com pouco cérebro. Líderes totalitários amam apenas a si próprios, mas não são loucos a ponto de rasgarem notas de dinheiro. Sempre precisam de gente com pouco poder de raciocínio, incapazes de pensar e se rebelar, baratas e carentes de paternidade para que seja uma submissão incondicional. Tenho a tendência de enxergar Caifás com esse perfil. Este livro não se propõe a ser um comentário exegético, somente creio que meus devaneios alegóricos podem nos ajudar a compreender por que Jesus bateu forte na religião.

Continuando, algo muito comum que percebo nos dias de hoje é a tal "aliança" com o líder, uma espécie de prisão espiritual que amarra o povo a seu líder de forma doentia. Tenho encontrado gente abusada e perturbada, com medo de "romper a aliança" e perder a tal "cobertura espiritual". O povo teme uma espécie de feitiçaria "evangélica", uma praga lançada pelo seu ex-líder, que seria capaz de amaldiçoá-lo.

Vivem debaixo da "cobertura espiritual" de um homem, como se o sangue de Cristo não fosse a única e suficiente cobertura que nos perdoa e livra.

Cada dia descubro uma nova patologia psíquica que acomete o povo de Deus, gente achatada pela doença tirana desse tipo de líder dentro da religião. A religião mata Jesus, sempre matou e vai continuar matando.

CONCLUSÃO

DIÁLOGO 25
JESUS NO SINÉDRIO (LC 22:63-71)

[63]Os homens que detinham Jesus zombavam dele, davam-lhe pancadas e, [64]colocando uma venda sobre os olhos dele, diziam:

— Profetize! Quem foi que bateu em você? [65]E muitas outras coisas diziam contra ele, blasfemando. [66]Logo que amanheceu, reuniu-se a assembleia dos anciãos do povo, tanto os principais sacerdotes como os escribas, e o conduziram ao Sinédrio, onde lhe disseram:

[67]— Se você é o Cristo, diga-nos.

Então Jesus lhes respondeu:

— Se disser, vocês não vão acreditar. [68]E, se eu perguntar, vocês não me darão resposta. [69]Desde agora, o Filho do Homem estará sentado à direita do Deus Todo-Poderoso.

[70]Todos perguntaram:

— Então você é o Filho de Deus?

Jesus respondeu:

— Vocês dizem que eu sou.

[71]Eles disseram:

— Que necessidade ainda temos de testemunho? Porque nós mesmos ouvimos o que ele falou.

. . . .

Lucas também relata a passagem de Jesus pelo Sinédrio. Jesus foi agredido a noite inteira. Foi xingado e ridicularizado o tempo todo pelos "justos" homens do Sinédrio, que lhe lançaram injúrias e blasfêmias. Suas palavras sobre estar à direita do trono de Deus, sobre ser enviado dos céus, sobre reconstruir o templo em três dias, sobre ser antes de Abraão, sobre ser o Messias eram todas verdadeiras, mas a religião já tem a sua verdade.

Já ouvi, em minha jornada, líderes religiosos que, quando indagados sobre suas atitudes hipócritas e mentirosas, respondem: "Essa é a minha verdade". Lamentável. Religiosos e Verdade são como os polos positivos de dois ímãs. Impossível aproximá-los. O pior de tudo isso é que todo o sofrimento e a exposição de Cristo à vergonha, morrendo como um maldito, nu, pregado em uma cruz, eram necessários. Nós somos os culpados; nosso pecado e nossa iniquidade estavam ali sobre ele, nos chicotes dos soldados, nos murros dos guardas do Sinédrio, nas palavras desses homens sem Deus.

Religião é nosso estado decaído, nossa realidade existencial sem Deus, nossa tentativa de controle sobre a vontade do Senhor. São nossas músicas manipulativas, nossos sacrifícios de barganha, nossas orações de comando, nossas ofertas que esperam contrapartidas, nossos cargos, nosso empodera-

CONCLUSÃO **263**

mento pessoal, nossa sistematização da fé, nossa busca por fama, dinheiro e poder. A religião está mais enraizada em nós do que pensamos. Todos os dias precisamos nos policiar, lutar contra nós mesmos, esmurrar nosso próprio corpo e nos humilharmos diante de Deus. Todos os dias precisamos compreender que somos nada sem Deus; que nossos ajuntamentos e cultos tentam encobrir nossas mazelas. Precisamos admitir que somos corruptos e falsos, venais e orgulhosos; que nos importamos mais com nosso ministério no templo do que com um homem caído no caminho. Precisamos parar para pensar se nossa prática de fé não esconde a falta de amor a Deus, e que meretrizes, publicanos e samaritanos estão entrando no reino, enquanto, do alto da nossa jactância, estamos negando, em nossas ações, o Deus que louvamos com nossa boca.

Imagino que, ao ler este livro, você possa ter encontrado um retrato de seu sofrimento dentro dos muros da religião. Penso que estas palavras possam tê-lo ajudado a concluir que não estava louco quando criticava práticas hipócritas, que não estava em pecado quando se afastou de lideranças tóxicas.

Ficarei feliz se esta obra conseguir ajudá-lo a reencontrar o rumo da fé fora desse sistema, concluindo que há vida fora desse aquário. Mas devo dizer a você, e a mim mesmo, que o mais importante é saber em qual tipo de vala não podemos nos permitir cair. Precisamos ter claros os erros que não podemos cometer e as ideias que não podem

264 DIÁLOGOS COM JESUS

nos seduzir. Tentações vão nos rodear até o fim da vida e corremos o risco de nos tornarmos pior do que aquilo que um dia criticamos.

Deus tenha misericórdia de seu povo.

Deus tenha misericórdia de nós e nos ajude.

Sigamos no reino.

Sigamos no evangelho.

Amém.

BIBLIOGRAFIA

BLOOMBERG, Craig L. *Introdução aos Evangelhos* (São Paulo: Vida Nova, 2009).

BONHOEFFER, Dietrich. *Discipulado* (São Leopoldo: Sinodal, 1980).

_____. *Ética* (São Leopoldo: Sinodal, 1985).

CARSON, D.A; MOO, Douglas J.; MORRIS, Leon. *Introdução ao Novo Testamento* (São Paulo: Vida Nova, 1997).

CHO, Bernardo. *O enredo da salvação* (São Paulo: Mundo Cristão, 2021).

GOHEEN, Michael W.; BARTHOLOMEW, Craig G. *Introdução à cosmovisão cristã* (São Paulo: Vida Nova, 2016).

_____; _____. *O drama das Escrituras* (São Paulo: Vida Nova, 2017).

GUNDRY Robert H., *Panorama do Novo Testamento* (São Paulo: Vida Nova, 1997).

JOSEFO, Flávio. *História dos hebreus* (Rio de Janeiro: CPAD, 1990).

MARSHALL, I. Howard. *Teologia do Novo Testamento: diversos testemunhos, um só evangelho* (São Paulo: Vida Nova, 2007).

Scott Jr. Julius J. *Origens judaicas do Novo Testamento* (São Paulo: Shedd Publicações, 2017).

Tenney, Merril C. *O Novo Testamento, sua origem e sua análise* (São Paulo: Shed Publicações, 2008).

Walsh, Brian J.; Middleton, J. Richard. *A visão transformadora: moldando uma cosmovisão cristã* (São Paulo: Cultura Cristã, 2010).

Won, Paulo. *E Deus falou na língua dos homens* (Rio de Janeiro: Thomas Nelson, 2020).

Este livro foi impresso pela Vozes, em 2023,
para a Thomas Nelson Brasil. O papel do miolo é
Avena 80 gr/m², e o da capa é Cartão 250 gr/m²